김목공의 우드워크

JN419600

일러두기
본문에 나오는 단행본은 겹낫표(『』), 논문은 홑낫표(「」),
잡지는 겹화살괄호(≪≫)로 표기했다.

김목공의 우드워크

나무로 만들고
나무와 배우기

윤종배 지음

김목공의 우드워크

헤드폰 수납장

김목공의 우드워크

내 맘대로 목공

동네에 목공방이 생겼다. 주택가 골목에서 샷시집, 싱크대집은 종종 봤지만 목공방은 낯설다. 그런데 가구든 뭐든 만들어 판매하는 것 같지가 않다. 어느 날은 퇴근길에 그 앞을 지나치는데 열댓 명의 사람들이 수업을 듣고 있는 모습이 보였다. 그제서야 유리창에 붙여놓은 '우드워킹 스쿨'이라는 글자가 눈에 들어왔다. 호기심이 생겨 인터넷에서 검색해보니 '내 맘대로 목공'이라는 수업이란다. 뭐든 이름이 중요하다. 목공을 배우면 무엇이든 간에 '내 맘대로' 할 수 있는 일들이 생길 것 같아 수업을 등록했다.

지금이야 목공방이 내 방처럼 익숙하지만 처음에는 목공방에서 벌어지는 모든 일들이 생소했다. 가령 톱으로 나무를 잘라본 사람이 우리 주위에 몇이나 될까. 심지어 나는 대패의 실물을 보는 것조차 처음이다. 휴대용 연필깎이만한 작은 대패도 있길래 미니어처인가 싶었는데 알고 보니 실제로 사용하는 것이란다. 생소함은 대개 불편과 불안을 동반하지만, 가끔은 이번처럼 흥미를 유발한다.

내가 신청한 '내 맘대로 목공'은 8주 동안 가구 한 점을 직접 제작해보는 목공 수업이다. 이 수업의 장점은 수강생들이 모두 동일한 가구를 만들거나, 목공방에서 가르치는 것만을 만들지 않는다는 점이다. 첫 수업을 오기 전, 수강생들은 자신이 제작하고 싶은 가구를 미리 스케치해 와야 한다. 그리고 4주간의 이론 수업을 통해 나무의 성질과 가구의 기본 구조를 배우는 과정을 거친다. 그러고 나면 수업이 시작되기 전의 자유분방한 스케치들, 머릿속에 맴돌던 그림들을 그럴듯한 가구 도면으로 다시 그려내는 것이다. 이렇게 수업의 절반이 지나고 나면 남은 4주 동안은 재탄생한 도면을 펼쳐놓고서 목공방의 도움을 받아 가구 제작에 들어간다.

첫 수업시간에는 스케치에 대한 목공방 선생님과 수강생들의 공개 품평이 벌어진다. 나는 태블릿 피시를 올려놓고 쓸 수 있는 거치대를 그려서 갔다. 목공의 '문법'을 전혀 모르는 상태에서 그린 그림들은 여러 모로 기발할 수밖에 없다. 나무로는 도저히 만들 수 없는 것을 그린 경우부터 초보자가 시도하기에는 욕심이 과한 그림, 수업을 통해 배우기에는 적은 그림 등에 대해서는 사람들의 거침없는 코멘트가 쏟아진다. 직설적인 조언과 지적이 오고 가기 때문에 남의 것을 품평할 때는 재미있고, 내 것을 품평받을 때는 그 내용이 팍팍 와닿는다. 내 경우에는 보다 가구다운 것, 이를 테면 서랍이 있는 작은 장을 만들어보는 것이 어떻겠냐는 조언을 받았다. 기본적인 구조를 갖춘 가구를 만들어봐야 나중에 다양한 형태로의 응용도 가능하다는 이유에서였다.

몇 번이나 그림을 고친 끝에 만든 것은 바로 헤드폰 수납장이다. 가구의 구조에 대해서는 선생님의 조언을 받아들였지만 용도만큼은 내 마음대로다. 테이블이나 서랍장, 책장 같은 보편적인 용도의 가구가 아니라 헤드폰을 수납하는 장을 만든 데는 나름의 이유가 있다. 테이블이나 책장과 같은 가구는 언제든지 입맛대로 골라 살 수 있는 반면, 헤드폰 수납장처럼 그 용도가 특수한 물건은 직접 만들거나 주문 제작을 하지 않으면 구할 수 없기 때문이다. 지금에야 드는 생각이지만 시중에서 구할 수 없는 물건을 직접 만들어 쓰는 것이야말로 목공인의 특권이다.

목공을 시작한 뒤로는 때에 따라 가구를 직접 만들어 쓰고 있다. 내가 만든 물건은 비록 삐뚤빼뚤하지만 덕분에 집 안에는 이야깃거리가 생겼다. 실수로 잘못 뚫은 구멍자국은 가족들의 놀림거리가 되기 일쑤지만 나는 나만의 시그니처라고 우긴다. 모양새가 왜 이러냐는 지적이라도 당하면 그것이 그리 될 수밖에 없었던 사연이 구구절절 펼쳐진다. 반면, 밖에서 판매하는 물건이 가질 수 있는 이야기란 기껏해야 '얼마나 싸게 잘 샀는지' 정도다. 게다가 구입한 물건이 성치 않기까지 하다면 제품 하자로 당장 퇴짜를 맞게 될 것이다. 8주 동안의 수업은 이제 끝이 났지만, 내 맘대로 목공이 계속되는 이유다.

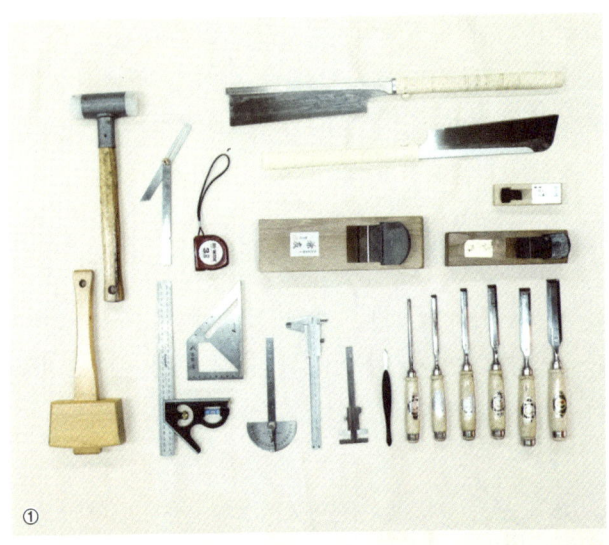

①

김목공의 우드워크

①
목공방에서 사용하는
수공구들

②
헤드폰 수납장 제작 과정

김목공의 우드워크

헤드폰 수납장, 2014
파인pine(소나무), 하드메이플hard maple(단풍나무)
340mm x 435mm x 320mm

가구 = 네모상자 + 나머지

    가구를 이해하는 쉬운 방법이 있다. 가구의 몸통에 해당하는 네모상자를 찾아보는 것이다. 만약 잘 보이지 않는다면 서랍과 문짝이 없다고 상상하며 들여다보자. 의자를 제외한 대부분의 가구는 하나의 네모상자를 몸통이자 뼈대로 삼고 있다.

    그다음 네모상자와 결합되어 있는 부속들을 살펴보자. 선반, 서랍, 문짝 그리고 다리 등이 달려 있다. 그중 주된 기능을 하는 것이 무엇인지에 따라 네모상자의 이름은 책장, 서랍장, 옷장 등이 된다. 예외적으로 테이블은 네모상자를 옆으로 눕혀서 다리를 붙이고 그 위에 상판을 얹어놓은 모양새다.

    가구의 구조를 이해하고 나면 제작 방법이 눈에 들어온다. 먼저 네모상자를 만든 뒤 나머지 부속품들을 각각 만들어 제자리에 붙여나가는 식이다. '가구'를 만들겠다고 생각하면 덜컥 겁이 나지만 '네모상자'와 그 나머지를 만든다고 생각하면 상대적으로 쉬워진다.

    네모상자를 만드는 방법은 여러 가지다. 나사못을 이용해도 좋고, 나무를 깎아서 서로 끼워맞출 수도 있다. 어떻게 만들든 가구로서의 기능과 외형을 갖추는 데는 문제가 없다. 꼭 어려운 방법으로 만들어야 좋은 가구가 되는 것은 아니다. 가구가 쓰이는 자리에 따라 못을 박아 거칠게 만든 가구가 더 멋스러운 경우도 많다.

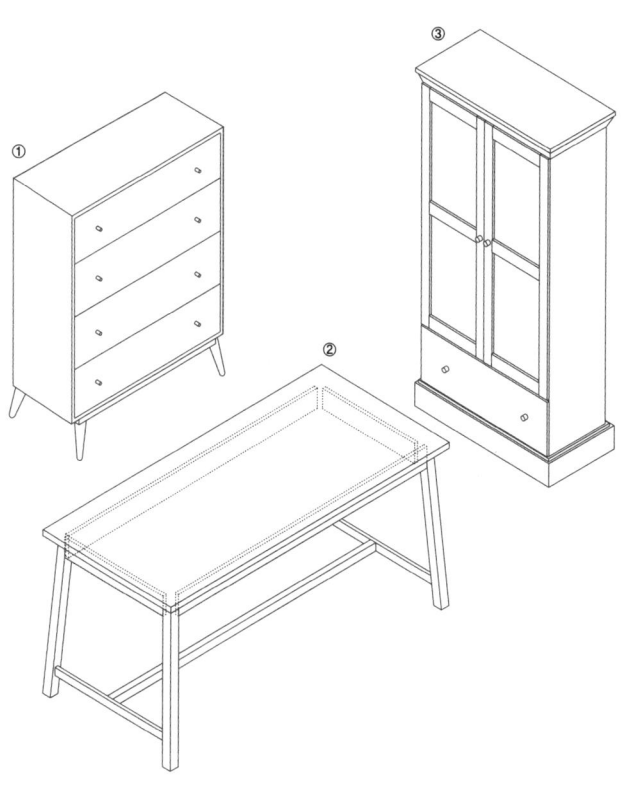

①
서랍장
네모상자 + 서랍 + 다리

②
테이블
네모상자 + 상판 + 다리

③
옷장
네모상자 + 문짝 + 서랍

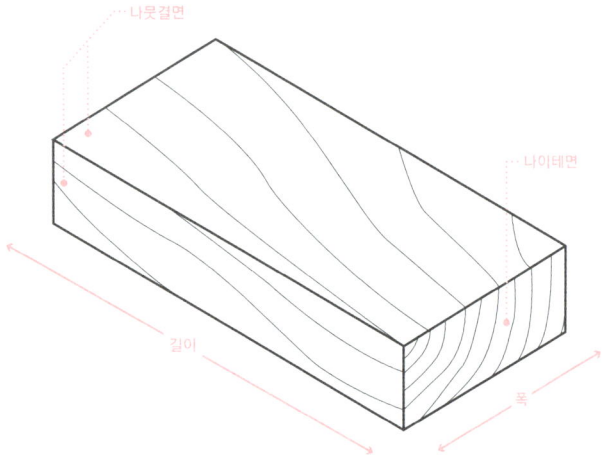

나뭇결면

나이테면

길이

폭

**나무의
폭과 길이**

❶ 나무가 자라는 방향과 나란한 것이 길이,
그에 수직한 것이 폭이다.

❷ 나뭇결과 나란한 방향이 길이, 그에 수직한
방향이 폭이다.

❸ 폭과 길이는 나무의 생김새와는 관계가
없다.

김목공의 우드워크

    그러나 어떻게 만들든 지켜야 할 원칙은 있다. 나무의 '폭'과 '길이'를 구별해서 써야 한다는 점이다. 폭 방향으로 쓴 나무와 길이 방향으로 쓴 나무는 서로 다른 재료라고 생각해도 좋을 만큼 그 물성에 차이가 있다.

    나무는 길이 방향으로는 강하지만 폭 방향으로는 약하다. 나무젓가락을 길이 방향으로 부러뜨리는 것은 어렵지만 폭 방향으로는 가뿐히 쪼갤 수 있음을 생각해보면 쉽다. TV에서 종종 볼 수 있는 판자 격파 시범도 나무가 폭 방향으로 비교적 쉽게 쪼개지는 성질을 이용한 것이다. 따라서 네모상자를 만들 때는 나무가 길이 방향으로 힘을 지탱하도록 판재의 방향을 맞춰 줘야 한다.

    나무는 주위 습도에 따라 수축-팽창하는 성질을 가지고 있다. 유의할 것은 길이 방향으로는 치수가 안정적이지만 폭 방향으로는 수축-팽창이 일어난다는 점이다. 주위의 습도가 높을 때는 수분을 흡수하면서 팽창하고, 낮을 때는 수분을 방출하면서 수축하는데 그 정도가 계절 간에 1~2%에 이른다. 2%라고 하면 그 수치가 낮아 보이지만 폭 1m짜리 식탁에서 2%는 무려 2cm나 된다. 따라서 네모상자를 만들 때는 한 모서리에서 만나는 면들이 서로 같은 방향으로 수축-팽창하도록 방향을 맞춰야 한다.

    나무의 폭과 길이를 구별해서 써야 하는 것은 네모상자 안에 선반이나 칸막이를 붙일 때도 마찬가지다.

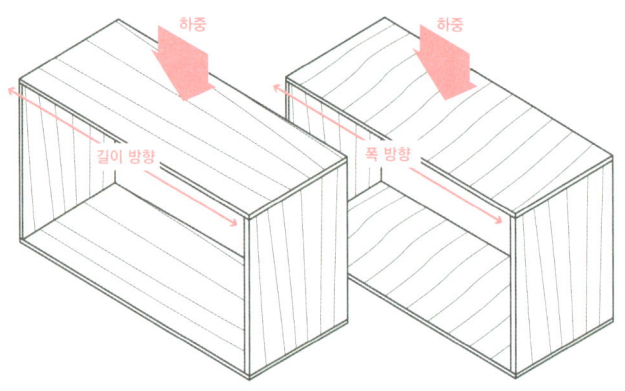

나무의 폭과 길이를 구분해서 쓰기

① 네모상자의 위아래 판과 측판의
수축 – 팽창 방향이 일치한다.

② 길이 방향으로 쓴 나무는 하중을
잘 견딘다.

① 네모상자의 위아래 판과 측판의
수축 – 팽창 방향이 서로 다르다.

② 폭 방향으로 쓴 나무는 하중에
쉽게 쪼개진다.

**테이블 상판이
갈라진 모습**
나무의 수축 – 팽창을
감안하지 않고
만든 가구는 탈이
나기 마련이다.

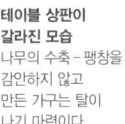

가구를 만들 때 이 원칙만 잘 지켜도 엉터리라는 소리를 듣는 것은 면할 수 있다.

마감은 프로처럼

가구의 형태를 완성하고 나면 마감 작업에 들어간다. 마감이란 나무의 표면에 오일, 바니시, 셸락, 래커 등의 마감제finish를 발라 투명한 도막을 입혀주는 것으로, 나무 표면을 수분(물 또는 습기), 오염, 스크래치 등으로부터 보호하고 미관을 개선하는 역할을 한다. 마감 처리를 하지 않은 일회용 나무젓가락과 마감 처리를 한 나무 그릇의 차이를 떠올려보면 그 역할과 필요성을 쉽게 이해할 수 있다.

초보 목공인이든 프로 목수든 마감 앞에서는 모두 동등하다. 마감은 목공의 기술이 아닌 마감에 대한 지식과 경험을 필요로 하기 때문이다. 알아야 할 것들이 그다지 많지 않고 자투리 나무를 이용해서 몇 차례 연습해보는 것만으로도 필요한 경험을 얻을 수 있어 초보와 프로의 간극이 크지 않다. 마감의 질을 결정하는 것은 경력보다 정성이다.

마감제의 종류

오일 oil

목공인들에게 가장 인기 있는 마감제는 오일이다. 오일은 주로 식물의 씨앗이나 오렌지 껍질에서 채취한 것으로, 공기 중의 산소와 반응해서 나무 표면에 흡수된 채로 얇고 부드러운 도막을 형성한다. 도막의 두께가 얇은 만큼 나무의 자연스러운 느낌을 그대로 살릴 수 있는 것이 장점인 반면, 마찬가지 이유로 나무를 수분이나 오염, 스크래치 등으로부터 제대로 보호하지는 못한다. 오일로 마감한 테이블에 커피를 쏟았다면 즉시 닦아내야 얼룩이 남지 않는다.

오일은 헝겊에 묻혀 표면에 넉넉히 도포한 뒤 깨끗이 닦아내는 방식으로 적용한다. 특별한 도구가 필요 없는 데다가 누구나 쉽게 할 수 있다는 점 역시 오일 마감의 장점이다.

바니시 varnish

바니시는 마치 플라스틱으로 코팅한 것 같은 인위적인 느낌을 주지만, 알고 보면 천연오일에 경화 작용을 하는 수지(레진 resin)를 합성해서 만든 마감제다. 오일과 마찬가지로 공기 중의 산소와 반응해서 나무 표면에 도막을 형성하는데 그 도막이 몹시 단단하다. 또한 도막을 얼마든지 두껍게 바르는 것이 가능해서 나무 표면을 보호하는 기능은 여러 마감제 중 최고로 친다. 이 때문에 음식물을 포함한 액체류에 늘 노출되는 식탁 상판은 바니시로 마감하는 경우가 많다.

바니시는 붓을 이용해서 바른 뒤 그대로 굳히는데 그 시간 동안 먼지와 같은 이물질이 달라붙기 쉽고, 세워져 있는 면에 바를 경우 흘러내린 자국이 남는 등의 문제가 생길 수 있어 적용하기 까다롭다.

오일/바니시 혼합 마감제 oil / varnish blend

바니시는 부담스럽고 오일은 아쉽다면 오일/바니시 혼합 마감제를 사용해보는 것도 좋다. 오일과 바니시 그리고 희석제 역할을 하는 미네랄스피릿 mineral spirits 을 1:1:1 전후로 혼합해서 직접 만들어 쓸 수 있다. 혹은 데니시 오일 danish oil 등의 이름으로 시판되는 제품을 구입하면 된다. 오일보다는 수분, 오염, 스크래치 등으로부터 표면을 잘 보호하지만 바니시처럼 단단한 도막을 형성하는 것은 아니어서 굳이 분류해보자면 오일 쪽에 가깝다. 적용 방법 역시 오일과 동일하다.

셸락 shellac

셸락은 락깍지벌레의 분비물에서 채취한 천연수지 마감제다. 오일이나 바니시처럼 산소와의 반응을 통해 도막을 형성하는 것이 아니라, 용매(알코올)의 증발에 의해 딱딱하게 굳어지면서 도막을 형성한다. 셸락의 도막은 용매인 알코올을 묻혀서 언제든 다시 녹여낼 수 있다. 이와 같은 특성을 이용하면 가구의 유통이나 사용 과정에서 도막의 일부가 손상됐을 경우 해당 부분만 녹여서 비교적 간단히 수정할 수 있다. 셸락은 주로 붓을 사용해 도막을 입힌다.

래커

19세기의 대표적인 마감제였던 셸락은 1920년대에 들어 화학 공정을 통해 대량생산이 가능해진 래커로 대체된다. 래커는 셸락과 마찬가지로 용매(래커시너^{lacquer thinner})의 증발에 의해 굳어지면서 나무 표면에 단단한 도막을 형성한다. 따라서 셸락의 특성을 대부분 공유한다. 래커의 도막 역시 굳은 이후에 래커시너로 다시 녹일 수 있다.

래커는 몹시 빠른 속도로 건조되기 때문에 스프레이 방식으로 적용해야 한다. 장비와 시설을 갖추지 못한 개인 제작자들이 사용하기는 어려운 마감제다.

스테인 stain

간혹 스테인의 용도를 마감제로 혼동하는 경우가 있다. 스테인은 그 사전적 의미가 '얼룩'이라는 것에서 알 수 있듯 나무의 색상을 조정하는 용도로 쓰는 착색제다. 스테인에 대한 자세한 내용은 이 책 126쪽을 참고하자.

❶ 마감은 마감제가 굳으면서 형성하는 도막을 이용한 나무 표면 코팅이다.

❷ 도막은 나무가 수분(물, 습기)을 흡수 – 방출하는 것을 지연시킴으로써 나무를 수분으로부터 보호한다. 마감제에 따라 지연의 정도에는 차이가 있으나, 어떠한 마감제도 나무의 수분 흡수 – 방출을 완전히 차단하지는 못한다.

❸ 수분의 흡수 – 방출을 지연시키는 정도를 결정하는 1차 요인은 마감제의 종류가 아니라 도막의 두께다. 예를 들어, 수분의 흡수 – 방출 지연에 가장 효과적인 마감제인 바니시를 얇게 바른 것보다 오히려 그 기능이 떨어지는 왁스를 두껍게 발랐을 때 지연 효과가 더 좋다.

❹ 마감제는 굳었을 때 부드러운 도막을 형성하는 것과 단단한 도막을 형성하는 것으로 나뉜다. 오일과 오일/바니시 혼합 마감제는 전자에, 바니시, 셸락, 래커는 후자에 속한다.

❺ 굳었을 때 부드러운 도막을 형성하는 마감제는 나무 표면에 충분히 도포한 뒤 흡수되지 못한 잔여물을 깨끗이 닦아내야 한다. 그렇지 않으면 잔여물이 끈적한 상태로 굳어 표면에 남는다. 또한 이러한 마감제는 두껍게 적용할 수 없기 때문에 수분으로부터 나무를 잘 보호해줄 것이라고 기대하기 어렵다.

❻ 굳었을 때 단단한 도막을 형성하는 마감제는 한 번에 두껍게 바를 수도 있고, 얇게 여러 차례 발라 두껍게 할 수도 있다. 표면을 고르게 코팅하기 위해서는 얇게 여러 번 바르는 편이 낫다.

김목공의 우드워크

미니 CD장

김목공의 우드워크

목공의 한계 넓히기

첫 작품을 완성한 목공인을 향한 주위의 반응은 재미있다. 겨우 가구 한 점을 만들었을 뿐인데 목수가 됐다며 추켜세우기도 하고, 한둘은 자신의 집에 놓을 가구를 제작해달라며 부탁을 해오기도 한다. 나 역시 첫 작품인 헤드폰 수납장을 만든 뒤 얼마 지나지 않아 친구의 의뢰를 받았다. 가스식 의류 건조기의 연통을 집 밖으로 빼낼 수 있도록 구멍을 낸 나무 창틀을 만들어달라는 것이다.

목공의 세계에 갓 입문한 이의 목공이란 기껏해야 'DIY 목공'이다. 가구를 만드는 데 필요한 목재의 치수와 수량을 주문서에 기입해 도면과 함께 목공방에 보내면 주문에 따라 목재를 재단해준다. 이를 목공용 접착제와 나사못을 이용해서 조립하는 방식을 흔히 'DIY 목공'이라고 부른다. 이러한 방식대로 나무 창틀을 만든다면 사포질과 마감제를 바르는 작업까지 포함해도 하루 안에 충분히 마칠 수 있을 것이라 생각됐다.

그런데 나무 창틀의 도면을 그리다 문득 조금 더 잘하고 싶다는 욕심이 생겼다. 가구는 공간을 많이 차지하는 데다 가지고 있는 것을 버리기도 어려워서 필요한 몇 개를 만들고 나면 특별한 계기가 없는 한 더는 만들 일이 없게 된다. 그렇다 보니 취미 목공인이 무엇인가를 만들 수 있는 기회는 처음부터 제한적이다. 집 안을 둘러보니 내 기회는 기껏

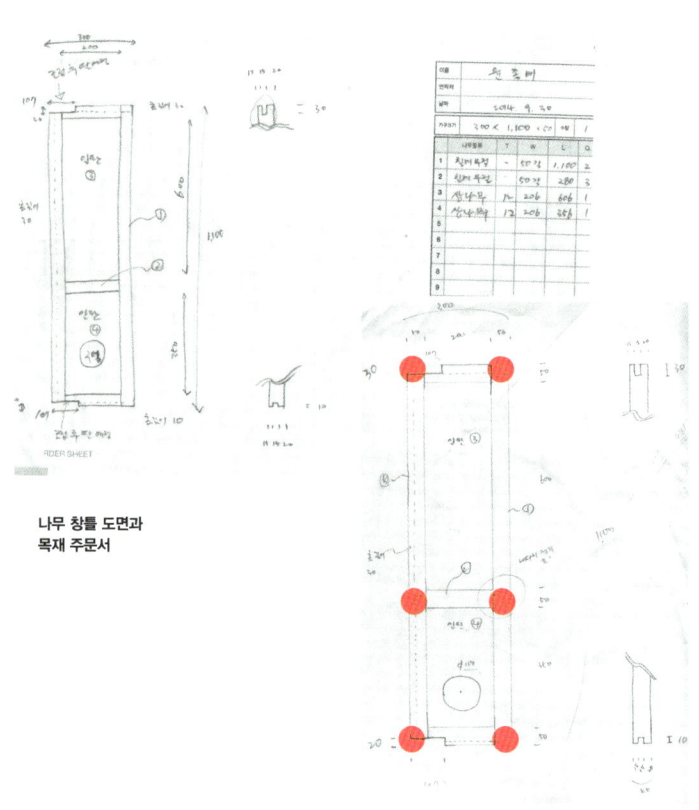

**나무 창틀 도면과
목재 주문서**

● 장부 맞춤 부위

김목공의 우드워크

해야 네다섯 번 정도다.

그러니 기회를 허투루 쓸 수 없다. 매 기회마다 내 목공의 한계를 조금씩 넓혀가야 한다. 그럼으로써 나는 이전보다 한 발짝 더 나아간 목수가 되어 있을 테고, 그런 목수가 만든 작품 역시 조금은 더 쓸 만하지 않을까. 이렇게 실력을 쌓다보면 언젠가 꽤 괜찮은 목수가 된 나에게 지인이 아닌 누군가가 작품만 보고 가구 제작을 의뢰하는 특별한 일이 일어날지도 모른다. 게다가 이미 할 줄 아는 방법으로 진행하는 작업은 생소함이 주는 재미가 없지 않은가.

가구를 '짠다'는 표현이 있다. 못을 사용하지 않고 나무를 깎아 서로 끼워 맞춰서 가구를 만드는 것이다. 목수라면 으레 가구를 짤 수 있어야 하고, 이렇게 짜서 만든 가구는 구조적 견고함뿐 아니라 들인 정성만큼의 품위를 갖춘다. 목공을 잘하고 싶다는 욕심은 자연히 짜맞춤을 시도해봐야겠다는 생각으로 이어졌다.

나는 『목공 기초 woodworking basics』라는 책을 통해 장부 맞춤과 주먹장 맞춤을 배웠다. 이 책은 설명이 길지 않고 사진만 봐도 작업 순서를 잘 이해할 수 있게 되어 있어 작업대 위에 펼쳐놓고 따라하기 좋다. 당장 써먹을 수 있는 실용적인 내용들 사이에 목공의 금언이라고 할 만한 말들을 무심하게 섞어둔 것도 이 책의 매력이다.

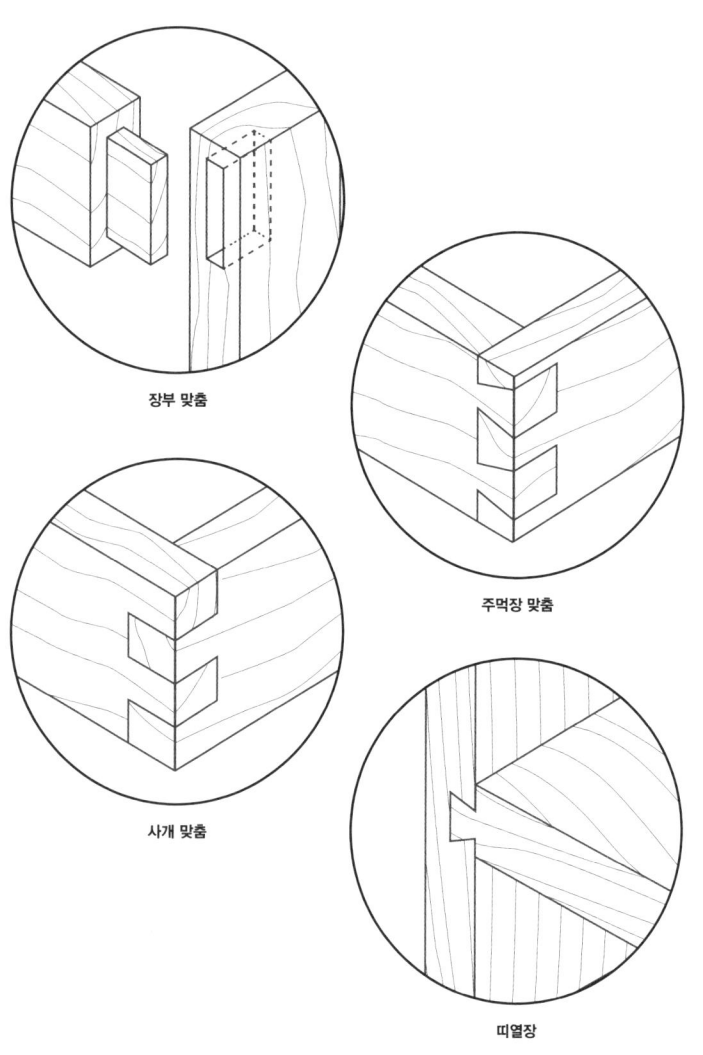

장부 맞춤

주먹장 맞춤

사개 맞춤

띠열장

김목공의 우드워크

"이 작업(짜맞춤)의 비밀은 선을 믿는 것이다."

"각 단계는 앞선 단계의 작업 수준을 바탕으로 이뤄진다."

"안 보이더라도 잘한 건 잘한 거다."

"너덧 번 해본 후에는 마음에 들기 시작할 것이다."

짜맞춤은 정밀한 톱질과 끌질을 요한다. 작업할 나무 표면에 그어놓은 선을 따라 정확히 가공해야 되기 때문이다. 처음부터 잘 될 리가 없다. 그러나 '너덧 번 해본 후에는 마음에 들기 시작할 것'이라는 책 속의 조언을 믿고 연습하다 보니 생각보다 빨리 본 작업을 시작해도 되겠다는 자신감이 붙었다.

창틀이나 문짝은 짜맞춤 방식 중에서도 장부 맞춤이 쓰이는 대표적인 경우다. 친구의 나무 창틀 역시 이번에 익힌 장부 맞춤을 적용해서 만들었다. 우선 한 귀퉁이부터 시작해 책에 나와 있는 작업 순서에 따라 작은 미션들을 해결해 나가다 보니 결국에는 나무와 나무가 딱 들어맞는 것을 경험할 수 있었다. 이렇게 만든 나무 창틀은 나의 두 번째 작품이자 대가를 받고 만든 첫 작품이다.

목공은 욕구를 자극한다. 장부 맞춤으로 나무 창틀을 만들고 나니 이번에는 주먹장 맞춤이 적용된 뭔가를 만들어 봐야겠다는 생각이 들었다. 장부 맞춤이 틀 구조를 만들기 위한 방법이라면 주먹장 맞춤은 상자 구조를 만들기 위한

① 목공방에서 잘라준 나무

② 장부와 장붓구멍을 가공한 모습

③ 가조립

④ 나무 창틀 완성

나무 창틀, 2014
파인, 시더cedar(삼나무)
1,100mm x 300mm x 50mm

김목공의 우드워크

방법이다. 틀과 상자를 만들 수 있으면 어지간한 가구는 모두 제작할 수 있다. 여러 짜맞춤 방식 가운데 장부 맞춤과 주먹장 맞춤을 우선 숙달해야 하는 이유다.

이어서 주먹장 맞춤으로 만든 가구는 미니 CD장이었다. CD가 12장 정도 들어가고 아래에 작은 서랍이 있는 형태다. 이런 소품을 DIY 목공에서 주로 쓰는 소프트우드soft wood 계열의 파인으로 만들 경우 영 볼품이 없다. 하드우드hard wood 계열의 오크oak(참나무)나 애쉬ash(물푸레나무)와 같이 단단하고 때깔 좋은 나무를 적당한 두께로 대패질해서 써야 그럴듯한 모양을 갖출 수 있다. 목공방에 넘길 목재 주문서에 12mm 두께의 오크를 쓰겠다고 슬쩍 적어넣었다. '나무 준비'도 직접 해보고 싶다는 은근한 의사 표현이었다.

사실 나무를 준비한다는 것은 말처럼 간단한 일이 아니다. 우선 나무를 자르거나 켜는 재단기를 능숙하게 사용할 수 있어야 하고, 면을 평평하게 고르거나 나무 두께를 조정하는 기계 대패도 쓸 수 있어야 한다. 안전사고에 대한 우려 때문에 어느 목공방이든 가구 한두 점 정도를 만들어본 사람에게 내어주는 기계들이 아니다. 목공방 선생님과의 상의 끝에 오크를 쓰되 재단기 작업은 선생님의 도움을 받고, 기계 대패는 사용법을 배워 직접 하는 것으로 결론을 내렸다.

미니 CD장, 2014
레드오크red oak
222mm x 164mm x 155mm

이 작은 CD장을 만들기까지 꼬박 5일이 걸렸다. 목공이 아니라 '조각'을 하다시피 한 셈이다. 프로 목수의 손은 빨라야 한다. 가구를 만드는 데 걸리는 일 수에 목수의 일당을 곱하면 그것이 가구값 중 목수 인건비가 된다. 재료비나 목공방 운영비 항목은 별도다. 그러나 취미로써의 목공이라면 느린 것이 흠은 아니다. 오히려 천천히 함으로써 몇 번 없는 '만들 기회'를 충분히 음미할 수 있다. 흥미를 잃어버리지 않고 꾸준히 하다 보면 작업 속도도 빨라질 것이다.

목공을 배운 뒤 맨 처음 만든 헤드폰 수납장은 목공방에서 준비해준 나무를 나사못으로 연결해서 만들었다. 두 번째로 만든 나무 창틀은 목공방에서 마련해준 나무를 이용하되 연결 방법은 장부 맞춤으로 했다. 그리고 이번 미니 CD장은 전체 작업의 일부나마 나무도 직접 준비했고 연결은 주먹장 맞춤을 선택했다.

세 번의 기회를 쓰는 동안 내가 더 나은 목수가 됐는지는 잘 모르겠다. 내가 목수라고 할 수 있는지 또한 모르겠다. 그러나 각각의 작업을 통해 내 목공의 범위가 점차 넓어지고 있다는 것만은 확실하다.

내 멋대로 짜맞춤

'짜맞춤'은 나무를 그저 깎아 맞추는 것에 그치지 않는다. 제재목을 다뤄 짜맞출 나무를 직접 준비하고 끌이나 대패 같은 수공구를 스스로 관리하는 것까지 포함한다.

　내 경우 나무 창틀은 집성목(각재)을 이용해 장부 맞춤으로 만들었다면, 미니 CD장은 주먹장 맞춤으로 하되 제재목을 대패질하고 집성하는 과정은 공방의 도움을 받았다. 수공구도 공방에서 관리하는 것을 이용했다. 그러니 이 두 작업을 통해 '짜맞춤'을 제대로 익혔다고 말할 수는 없다.

　그러나 취미 목공인이라면 이렇게 시작해보는 것도 괜찮은 것 같다. '평소 어렵게 여겼는데 해보니까 된다'는 기쁨은 목공을 한층 즐겁게 만들어주고, 그렇게 얻은 자신감은 다음 단계에 도전할 용기로 이어진다. 처음부터 제대로 하기 위해 제재목을 다루는 법이나, 공구를 관리하는 법부터 배워야 한다면 짜맞춤이 어렵고 번거롭다는 생각부터 하게 되지 않을까.

　'내 멋대로 짜맞춤'으로 시작해 신나게 만들다보면 작업의 굽이굽이 자신의 부족한 점을 알게 되는 것이 목공이다. 그때마다 하나씩 배워가면 결국은 진정한 짜맞춤에 다가가게 된다.

나무 연결법의 발달

나무와 나무를 연결하는 방법은 크게 세 가지로 각각의 발달 과정을 되짚어보는 것도 나름의 재미가 있다.

짜맞춤

짜맞춤의 역사는 고대 이집트 시대까지 거슬러 올라간다. 40쪽 사진의 의자는 지금으로부터 약 3,500년 전 이집트에서 제작된 것으로, 장부 맞춤으로 만들되 장부가 빠지지 않도록 측면에 나무못을 박아 마무리했다.

이 의자는 현대적 기준에서 판단하더라도 공들여 잘 만든 의자에 속한다. 나무못을 박은 장부 맞춤은 오늘날에도 잘 만든 원목 가구의 특질로 여겨지기 때문이다. 나무를 짜맞추는 기술은 고대에 이미 완성됐으며 현대의 발전은 기계의 도입을 통한 생산성 향상에 그친다는 시각도 있다. 그만큼 인류가 일찍이 나무의 특성을 잘 파악해 그에 걸맞는 기술을 고안해낸 셈이다.

우리나라의 짜맞춤 역사는 얼마나 오래됐을까. 유감스럽게도 조선 중기 이전에 만들어진 가구는 실물로도 기록으로도 남아 있는 것이 없는 듯하다. 그러나 우리나라 목조 건축의 역사가 삼국시대까지 거슬러 올라간다는 점에 비춰보면 짜맞춤 가구를 만든 시기도 그와 비슷할 것이라 추측해볼 수 있다.

①
이집트의 의자
버드나무, 갈대
기원전 약 1550~1452년
588mm x 433mm x 475mm

김목공의 우드워크

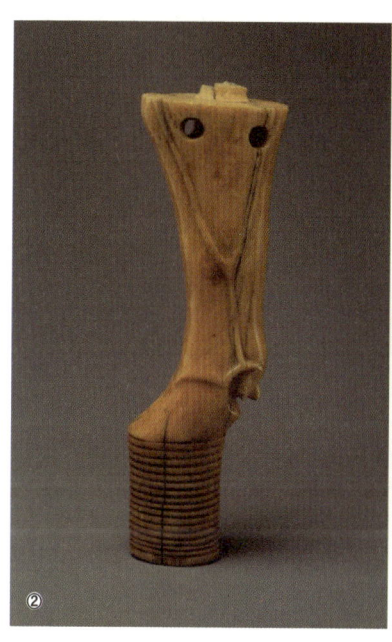

②
이집트의 가구 다리
상아
기원전 약 2960~2770년
170mm x 34mm x 58mm

Metropolitan Museum of Art
www.metmuseum.org

③
이집트의 수공구 : 끌
나무, 구리 합금
기원전 약 1479~1458년
217mm x 25mm

Metropolitan Museum of Art
www.metmuseum.org

④
이집트의 수공구 : 말렛
나무
기원전 약 1961~1917년
280mm x 150mm

Metropolitan Museum of Art
www.metmuseum.org

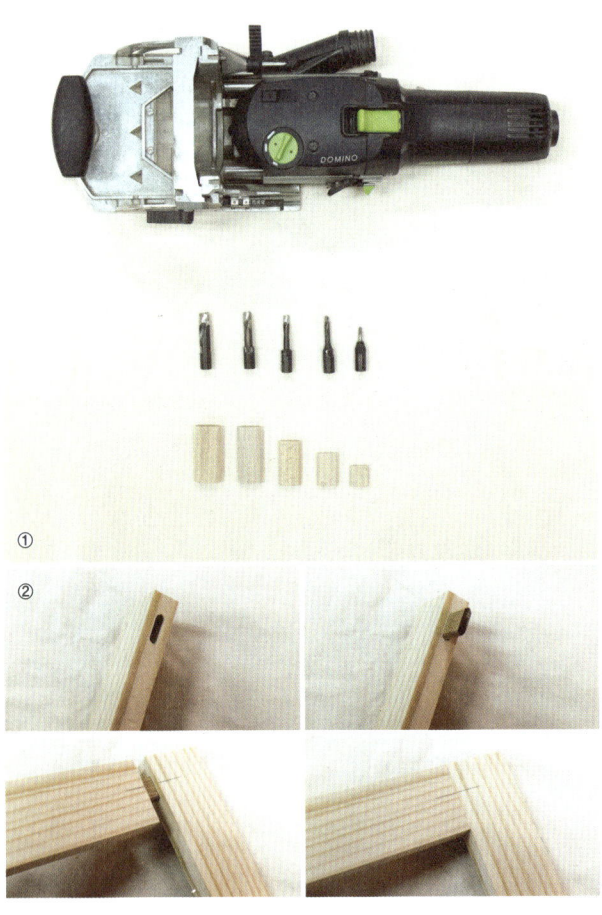

① 도미노 머신, 다양한 크기의 드릴 비트와 노미노
② 도미노를 이용한 나무 연결

나무못의 진화

고대 이집트의 의자에서 알 수 있듯이 나무못은 짜맞춤의 보조 수단으로 이용되었다. 장붓구멍에 장부만 끼워두면 세월이 흘러 빠질 수도 있기 때문에 측면에 나무못을 박아 장부가 빠지지 않도록 고정시키는 것이다.

그런데 짜맞춤이 공장 단위에서 생산성을 향상시키는 방향으로 발전하는 동안, 나무못은 개인 공방 단위에서 짜맞춤의 보조 역할을 넘어 짜맞춤을 대체할 만한 방식으로 진화했다.

독일의 페스툴festool 사에서 개발한 나무못인 도미노domino와 도미노가 들어갈 자리를 뚫어주는 도미노 머신이 바로 그것이다. 이는 유사 장부 맞춤이라고도 볼 수 있다. 다른 점이 있다면 짜맞춤처럼 끌로 나무를 깎고 팔 필요 없이, 연결이 필요한 양쪽 나무에 구멍을 뚫어 도미노를 꽂아 넣기만 하면 된다는 것이다. 도미노 머신을 이용하면 구멍의 위치를 매우 편리하게 조정할 수 있고, 구멍과 나무못의 크기가 딱 맞기 때문에 어중간한 실력으로 짜맞춘 것보다 훨씬 정확하고 튼튼하게 작업할 수 있다. 또한 도미노 머신에 장착해서 쓰는 드릴 비트는 다양한 크기로 제공되기 때문에 용도에 맞게 골라 쓸 수 있다.

나무못의 진화형 도미노 덕분에 짜맞춤의 수고로움 없이도 짜맞춘 가구에 버금가는 튼튼하고 아름다운 가구를 만들 수 있게 되었다.

나사못

가구에 금속제 나사못이 최초로 사용된 것은 15세기 유럽에서였다. 지금은 나사못이 값싸고 흔한 부속이지만, 19세기 중반 공작기계의 발달을 통한 대량생산이 이루어지기 전까지 나사못은 손수 깎아서 만들어야 하는 귀한 부속이었다.

이러한 상황에서 나사못은 주로 가구에 손잡이나 자물쇠, 바퀴 등을 부착하는 용도로 사용되었다. 제작의 수고로움에 비해 그 용도가 싱겁다는 생각도 들지만, 나사못 없이는 가구에 부속을 붙이는 것 자체가 불가능했다. 만약 다른 방법이 있다고 하더라도 나사못을 깎는 수고로움보다 더한 수고를 요한다.

나사못이 가구 본체 제작에 언제부터 사용되기 시작했는지는 정확히 확인하기 어렵지만 20세기 중반 이케아 가구가 인기를 끌고, 이른바 DIY 방식의 가구 제작이 보편화되면서 오늘날 나사못은 가구 제작에 필요한 주요한 부속 중 하나가 되었다.

과거의 나사못들
손으로 만들어 모양새가 투박하다.

「Observations on the Development of Wood Screws
in North America」, Museum of Fine Arts, Boston

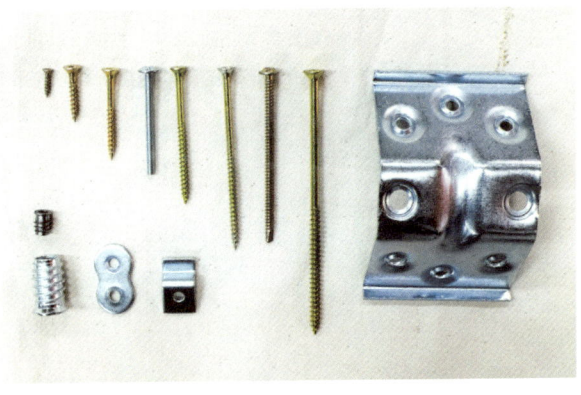

현대의 고정 철물들

이케아
시스템의 중심,
고정 철물

20세기 후반 들어 이케아는 가구 산업의 지형을 로컬 비지니스에서 글로벌 비지니스로 바꿔놓았다. 그리고 그 중심에는 나사못을 비롯한 다양한 형태와 기능의 고정 철물이 있다.

이러한 고정 철물은 소비자들에게 단순히 DIY 조립을 위한 장치 정도로 이해된다. 하지만 산업적인 측면에서 보자면 고정 철물은 운송 · 보관비 절감을 목적으로 개발된 현장 조립knock down construction을 위한 장치로 기능한다.

타 산업에서는 도착지 항구 인근의 조립 공장이 현장이 되는 경우가 많은데(어쨌거나 조립해서 완성품을 판매한다), 이케아는 현장을 소비자의 집으로 설정하고 조립은 소비자가 'DIY'하도록 시스템화했다(심지어 물류센터에서 현장까지의 배송도 소비자가 직접한다!).

소프트우드와 하드우드

목공 입문 초기에는 파인이나 스프러스^{spruce}(가문비나무)와 같은 소프트우드를 많이 이용한다. 시중에서 구하기 쉽고 가격도 저렴하기 때문이다. 나무가 비교적 무르고 가벼워서 작업하기 수월한 것도 장점이다.

언뜻 보기에 비싼, 실제로도 소프트우드에 비해 가격이 높은 가구들은 대개 월넛^{walnut}(호두나무), 오크(레드오크, 화이트오크^{white oak}), 애쉬, 체리^{cherry}(벚나무)와 같은 하드우드로 만든다. 단가가 높은 대신 그만큼 때깔이 좋고 견고하기 때문이다. 목공방에서 원목 테이블의 견적을 받아본 적이 있다면 '같은 테이블도 애쉬보다 파인으로 할 때 좀 더 싸다'는 식의 이야기를 들어봤을 것이다.

그렇다고 하드우드가 전문 목수들만 다룰 수 있는 나무인 것은 아니다. 취미 목공인들이 부담 없이 사용하는 파인과 마찬가지로 애쉬와 오크도 사용자가 원하는 크기로 잘라서 쓰기만 하면 되는 넓은 판재 형태로 공장에서 가공되어 나온다. 나무의 연결 역시 소프트우드와 동일하게 나사못을 이용하면 된다. 하드우드라고 해서 꼭 짜맞춰야 한다는 법 역시 없다. 이렇게 나무만 하드우드로 바꿔도 결과는 훨씬 멋지다. 비싼 값에 구입한 것과 다름없는 퀄리티의 가구를 직접 만들 수 있는 것이다.

제재목과 집성목

시판되는 목재는 가공 단계에 따라 제재목, 대패가공목, 그리고 집성목으로 구분된다.

제재목은 통나무를 여러 장의 판자로 켠 것으로, 가구용 목재로 쓰기에 적절한 수준으로 인공 건조시킨 다음 시중에 유통된다. 제재목을 구입했다면 거친 표면을 매끄럽게 정리하는 것은 물론, 건조와 유통 과정에서 발생한 나무의 휨/뒤틀림까지 직접 바로잡아서 사용해야 한다. 만약 폭이 넓은 판재가 필요하다면 제재목의 여러 토막을 폭 방향으로 이어 붙이는 작업인 집성도 직접 해야 한다.

한편, 공장에서 이런 작업들을 대신해 판매하는 것이 대패가공목과 집성목이다. 제재목을 다루기에는 장비와 기술이 부족한 형편이라면 원하는 두께의 대패가공목이나 집성목을 사서 잘라 쓰는 것이 편리하다.

집성목은 공장에서 대량생산하기 때문에 구입 가능한 두께가 20mm, 24mm 등으로 제한된다. 따라서 서랍장이나 책장과 같은 네모상자형 가구를 만들 때는 유용하지만, 의자처럼 다양한 두께와 모양의 나무를 필요로 하는 가구 작업에는 적합하지 않다. 또한 공장에서 무작위로 나무를 이어붙이다보니 색상과 무늬의 연결이 부자연스러울 수 있다는 것, 제재목에 비해 가공 단계가 많은 만큼 가격이 비싸다는 것도 단점이다.

목수들은 규격으로부터 자유롭게 작업하기 위해, 원하는 무늬와 색상의 나무를 골라 쓰기 위해, 좋은 나무를 저렴하게 구입하기 위해 제재목을 직접 다룬다.

가공 단계별 목재 가격 비교 (하드우드)	대패가공목	제재목 대비 약 1.6~1.8배
	집성목	제재목 대비 약 2~2.5배

제재목 다루기

DIY 방식으로 가구를 만들 때 가장 먼저 하는 일은 누군가가 나를 위해 준비해둔 네모반듯한 나무의 치수를 확인하는 일이다. 반면, 제재목을 다룬다는 것은 내가 쓸 나무를 직접 네모반듯하게 준비하는 것이라고 볼 수 있다.

제재목을 다룰 때 재단기, 수압 대패, 자동 대패와 같은 목공기계의 도움을 받을 수는 있지만 그렇다고 해서 일이 간단해지는 것은 아니다. 나무는 일부를 깎거나 잘라낼 때마다 내부의 응력 균형이 깨지면서 조금씩 뒤틀리기 때문이다. 기계를 쓰든, 손으로 하든 나무의 상태를 보아가면서 적절히 상대해야 한다.

제재목을 다룬다는 것은 목수에게 필요한 대부분의 도구를 사용할 줄 안다는 것을 의미한다. 또한 가공 도중에 계속해서 변화하는 나무의 특성을 이해하고 그에 맞게 대응할 수 있다는 것이며, 결과적으로 나무로 하는 대부분의 표현을 스스로 할 수 있다는 뜻이다. 직업 목수에게는 당연한 소양이지만 취미 목공인으로서 제재목을 다룬다는 것은 자부심을 가질 만한 일이다.

① 공방 한켠에 쌓여 있는 제재목들
② 대패 가공한 제재목의 전과 후

**나무에서
가구가
되기까지**

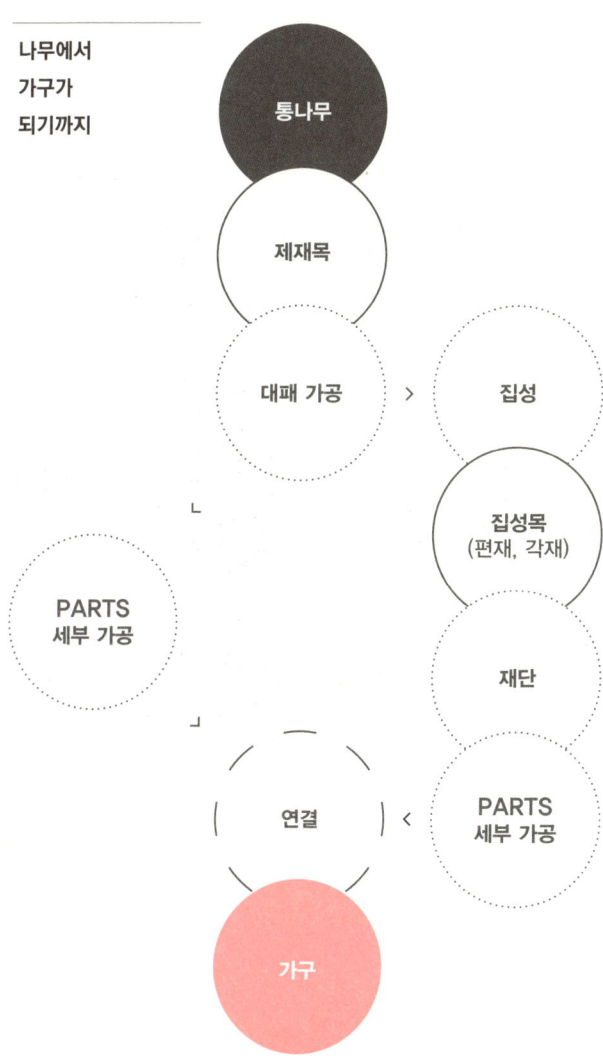

통나무

제재목

대패 가공

집성

집성목
(편재, 각재)

재단

PARTS
세부 가공

연결

PARTS
세부 가공

가구

서류함, 2015
레드오크, 애쉬, 체리, 하드메이플 집성
270mm x 190mm x 230mm

김목공의 우드워크

**작고 간단하게
시작하기**

제재목 집성은 작고 간단하게 시작해보는 것이 좋다. 제재목의 네 면을 평행 – 수직을 맞춰 대패질한 뒤 나무끼리 단차가 나지 않도록 붙이는 것은 어려운 작업이다. 처음부터 테이블 상판처럼 큰 작업을 통해 집성을 경험하면 '집성은 힘들다'라는 생각이 뇌리에 박힐 수 있다. 반면, 책상 위에 올려놓고 쓸 만한 크기의 물건을 직접 집성한 판재로 만들어보면 집성의 재미를 먼저 알게 된다.

김목공의 우드워크

의자

사라진 의자의 사정

목공방에서 수업을 돕다 보면 의자를 만들고 싶어 하는 수강생들을 종종 만난다. 사각 스툴이나 벤치는 기본형 테이블과 구조가 비슷해서 초심자도 쉽게 만들 수 있다. 그러나 등받이가 있는 의자는 가구를 두세 개 더 만들어본 후에 도전하도록 조언한다.

의자는 사람의 몸에 가장 밀착되는 가구다. 앉았을 때 편안해야 한다. 또한 의자는 가장 다양한 용도로 이용되는 가구이기도 하다. 그렇기 때문에 그래도 괜찮을 만큼 튼튼해야 한다. 의자의 모양은 네모상자에서 벗어나 있다. 즉, 형태에 정해진 공식이 없다. 의자를 만들었다는 것은 편안함, 튼튼함, 미적 형태에 대한 고민 끝에 나름의 결론을 얻었다는 것을 뜻한다.

가구 가운데서도 의자는 유독 유명 디자이너의 작품이 많다. 표현의 여지가 많기 때문일 것이다. 그런 의자는 디자인은 누구, 제작은 누구라고 꼬리표가 따라붙는다. 도면 위의 디자인을 대신 구현해줄 목수가 있다면 모를까, 그게 아니라면 대부분의 경우 스스로 실물을 구현해내야 한다. 나무와 도구를 능숙하게 다룰 수 있어야 가능한 일이다. 지금 생각해보니 의자를 만드는 것은 그런 일인 것이다.

시간이 날 때마다 목공방에 나가 '내 멋대로 짜맞춤' 연습을 하고 있을 무렵, 목공방으로 의자 20개를 제작해

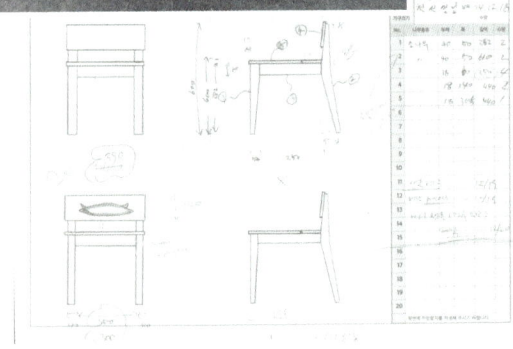

의자, 2014
파인, 멀바우merbau
630mm x 375mm x 500mm

김목공의 우드워크

달라는 주문이 들어왔다. 혼자 뚝딱 작업할 수 있는 수량이 아니다 보니 목공방 선생님으로부터 함께 만들지 않겠느냐는 제안을 받았다. 뭐든 많이 만들어보고 싶었고, 같이 작업하며 보고 배우게 될 것들이 기대되어 좋다고 했다. 이처럼 특별한 계기가 없었다면 지금까지도 의자는 내 마음 한구석에서 때가 되기를 기다리고 있었을 것이다.

마침 비슷한 시기에 목공방에서 재단기 사용법을 배웠다. 참고로 목공방에서 재단기를 쓴다는 것은 그곳에 있는 목재를 원하는 대로 골라서 잘라 쓸 수 있는 자유를 얻게 됐음을 의미한다. 재단기 사용을 배웠던 날의 기쁨은 지금도 생생하게 기억난다.

20개의 의자 제작을 소화하는 데 목공에 갓 입문한 자의 역할은 뻔하다. 효율적인 작업을 위해 손발이 잘 맞는 보조가 되는 것이다. 그런데 목공방 선생님이 시간의 여유가 있으니 의자를 직접 그려보지 않겠느냐고 물었다. 그게 무슨 의미일까? 단순히 그려보라는 것일까, 아니면 내 디자인대로 의자를 만들겠다는 뜻일까? 내 역할이 무엇인지 혼란스러웠지만 일단 할 수 있는 모든 일을 시도해보기로 했다. 스케치를 하고 시작품 제작과 디자인 보완을 거쳐 내 나름의 최종 디자인을 정하는 것을 목표로 했다.

시작품은 두 번에 걸쳐 만들었는데 그중 나중 것이 바로 사진 속 의자다. 최종 디자인은 이 상태에서 등받이를 조금 더 높인 형태로 확정 지었다. 내 작업은 여기까지였고 그 이후에는 보조로서의 역할에 충실했다.

시작품이 아니었다면 애초에 의자를 제작할 엄두조차 내지 못했을 것이다. 시작품이었기에 내가 할 수 있는 범위에서 마음대로 만들어볼 수 있었다. 또한 시작품 제작이라는 명목으로 작업 내내 나무와 기계를 마음껏 쓸 수 있었다. 그래서인지 최종 디자인대로 만든 의자보다 모자란 점이 많은 이 의자에 더 마음이 간다.

이 의자의 이름은 '사라진 의자'다. 최종 제품을 만들고 나면 사라지는 것이 시작품의 운명이기 때문이다. 이름은 그렇게 붙였으나 막상 부수기는 아까워 목공방에 두고 보강해가며 쓰고 있었는데(첫 번째 시작품은 난롯불 장작 신세가 되었다), 어느 날 의자를 야외에 내놓은 틈을 타 누가 훔쳐가버렸다. 결국은 이름대로 된 것이다. 아쉽기도 했지만 누군가 내가 만든 물건을 탐냈다는 게 썩 기분 나쁘지만은 않았다.

가구의 적, 지렛대 원리

가구는 본래 무언가를 올려두거나 보관하는 데 그 쓸모가 있다. 도서관 한쪽 벽면을 차지하고 있는 책장에는 수백 kg의 책들이 꽂혀 있다. 가정집의 큰 서랍장은 수십 kg의 옷가지로 채워져 있을 것이다. 테이블에는 노트북과 책 몇 권이 놓여 있거나, 간혹 두어 명의 사람들이 테이블 위에 걸터 앉을지도 모른다. 가구는 그 대상이 무엇이든 넉넉히 품을 수 있도록 튼튼하게 만드는 것이 기본이다.

의자가 말썽인 까닭

의자는 그 위에 앉는 데 소용이 있다. 체중이 100kg은 될 법한 거구가 어린이에게나 맞을 법한 작은 의자에 앉아 있는 모습은 일면 코믹한 상상이지만 가구 제작자들에게는 감안해야 하는 현실이다. 의자는 상상 가능한 범위에서 누가 앉아도 문제가 없어야 한다는 전제 아래 만들어져야 한다.

그럼에도 불구하고 의자는 비교적 쉽게 망가진다. 그냥 앉았을 뿐인데 의자가 주저앉아 민망했던 일을 직간접적으로 겪어보았을 것이다. 책장이나 서랍장은 어지간해서 망가지는 일이 없는데 유독 의자가 말썽인 것은 왜일까.

말썽은 의자를 뒤로 까딱일 때, 의자의 뒷다리와 좌판을 받치는 측면 가로대를 연결하는 부위에서 발생한다. 의자가 뒤로 젖혀진 상태에서 사람의 체중을 지탱하는 것은 의자의 두 뒷다

지렛대 원리

지렛대를 이용하면 작은 힘으로도 큰 힘을 낼 수 있다. 아르키메데스는 지렛대 원리를 설명하면서 '적당한 장소(지렛대를 받칠 곳)가 주어진다면 지구라도 들어 보이겠다'라고 말했다.

일상 생활에서 가장 흔히 쓰이는 지렛대는 병따개다. 병따개가 없을 때는 나무젓가락을 구해 대신할 수 있다. 와인오프너와 손톱깎이도 알고 보면 지렛대 원리를 이용한 생활용품이다.

지렛대의 주요 '점'들 사이에 정해진 순서는 없다. 나무젓가락은 작용점 – 받침점 – 힘점의 순서로 1종 지렛대 유형이다. 병따개는 받침점 – 작용점 – 힘점의 순서로 이와 같은 유형을 2종 지렛대라 한다. 어느 경우든 지렛대 원리는 똑같이 적용된다.

한편, 'ㄴ' 모양 지렛대를 이용하면 힘의 크기를 증폭할 수 있을 뿐 아니라 작용 방향도 바꿀 수 있다. 못을 뽑기 위해 사용하는 장도리가 대표적인 예다.

F : 지렛대가 작용점에 가하는 힘의 크기

F_0 : 지렛대가 힘점에 가해진 힘의 크기

A : 작용점과 받침점 사이의 거리

B : 힘점과 받침점 사이의 거리

$$F = \frac{B}{A} \times F_0$$

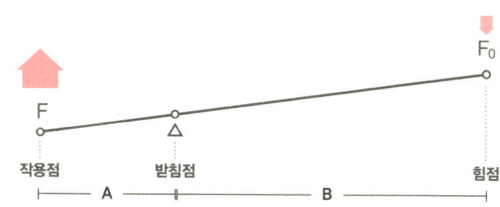

1종 지렛대

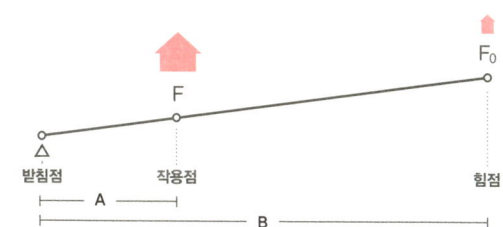

2종 지렛대

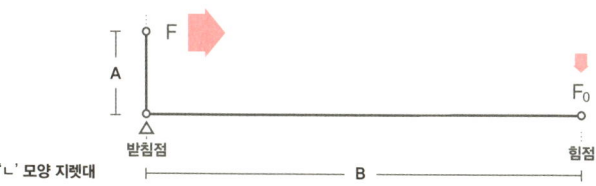

'ㄴ' 모양 지렛대

리다. 겉으로 보기에는 한 다리마다 체중의 2분의 1을 견디면 되는 것처럼 여겨진다. 앞서 상상한 경우처럼 앉은 이의 체중이 100kg이라면 각각 50kg씩 버티면 되는 것이다. 그러나 속사정은 다르다. 좌판 밑 측면 가로대가 'ㄴ' 모양의 지렛대 구실을 하면서, 마치 장도리처럼 자신과 뒷다리를 고정하고 있는 못을 뽑아내려 드는 것이다. 그리고 이때 못에 작용하는 힘은 50kg이 아니라 지렛대 원리에 의해 증폭된 힘이다.

증폭된 힘의 크기는 과연 얼마나 될까. 일반적인 의자의 치수를 대입해서 계산해보자. 편의를 위해 체중은 좌판의 한가운데 작용하는 것으로 가정했으며, 질량과 무게를 구분하지 않고 kg 단위로 표기했다. 가로대의 길이를 35cm라고 했을 때 지렛대의 힘점과 받침점 사이의 거리(B)는 17.5cm, 못이 가로대 폭(5cm)의 중앙에 위치한다고 치면 작용점과 받침점 사이의 거리(A)는 2.5cm다. 지렛대의 원리에 따라 계산해보면 작용점인 못에 작용하는 힘은 체중의 2분의 1인 50kg에 7을 곱한 350kg이다. 만약 체중이 70kg인 사람이 의자를 까딱였다면 못에 작용하는 힘은 245kg이 된다.

$$F = \frac{B}{A} \times F_0 = \frac{17.5cm}{2.5cm} \times (100kg \times \frac{1}{2}) = 350kg$$

의자 뒷다리와 좌판 밑 측면 가로대를 연결하는 못이 나사 못인지, 도웰^dowel이나 도미노 같은 나무못인지 여부는 중요하지 않다. 지렛대가 된 가로대는 200~300kg의 힘으로 못을 뽑아낸다. 단 1mm라도 뽑히면 그때부터 의자는 망가지기 시작한다. 못의 개수를 늘리면 조금 낫겠지만 그렇다고 해서 못을 서너 개씩 박을 수는 없는 노릇이다.

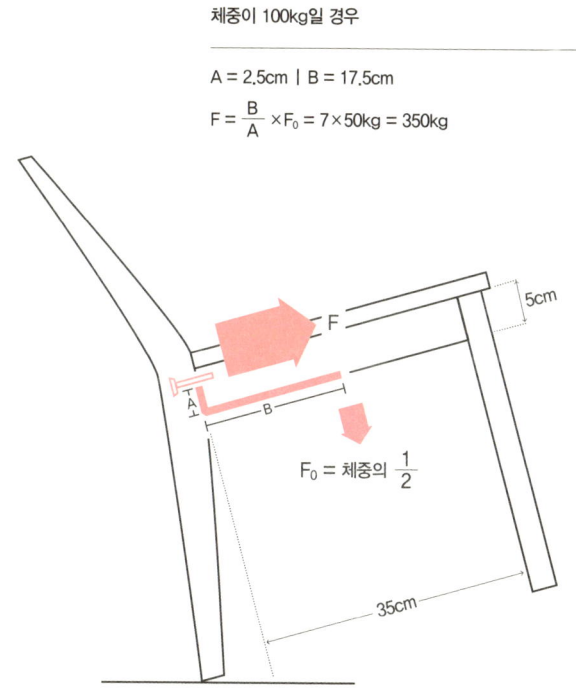

체중이 100kg일 경우

A = 2.5cm | B = 17.5cm

$$F = \frac{B}{A} \times F_0 = 7 \times 50kg = 350kg$$

F

5cm

A

B

$F_0 = 체중의 \frac{1}{2}$

35cm

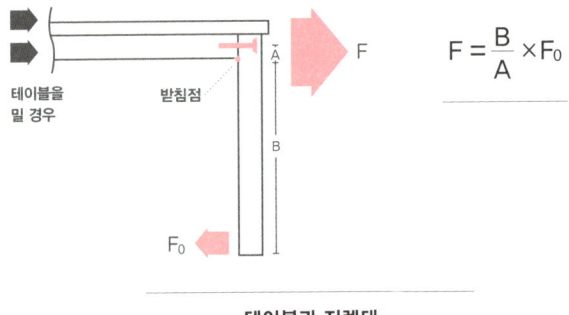

$$F = \frac{B}{A} \times F_0$$

테이블을 밀 경우

받침점

F

B

F_0

테이블과 지렛대

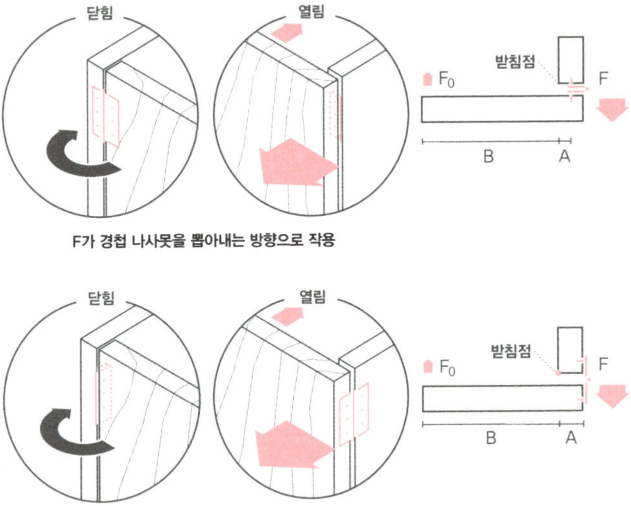

닫힘

열림

받침점

F_0

F

B

A

F가 경첩 나사못을 뽑아내는 방향으로 작용

닫힘

열림

받침점

F_0

F

B

A

F가 경첩 나사못을 전단하는 방향으로 작용

경첩과 지렛대

김목공의 우드워크

다른 가구의 사정

테이블 역시 의자와 같은 문제를 가진다. 성인 두 사람이 테이블 위에 올라앉는 것은 괜찮지만 테이블을 밀거나 끄는 것은 금물이다. 의자보다 다리가 긴 만큼 지렛대에 의한 힘의 증폭도 크다. 그래서 테이블은 반드시 들어서 옮겨야 한다.

가구에 문짝을 달 때 사용하는 경첩도 요주의 대상이다. 경첩 주위에는 항상 지렛대가 존재한다. 바로 문짝이다. 문짝이 완전히 열린 상태에서 여는 방향으로 힘을 더 가하면 그 힘은 문짝에 의해 수십 배로 증폭되어 경첩에 가해진다. 문짝의 경첩이 종종 뜯겨나가는 것은 바로 이 때문이다. 맨 아래의 그림과 같이 경첩을 문짝과 벽면 사이에 부착하는 것이 그나마 더 튼튼하다.

옷장이나 서랍장 같은 네모상자형 가구에도 지렛대는 있다. 가구가 놓여 있는 바닥이 심하게 기울어져 있거나, 가구를 옮기기 위해 옆으로 미는 경우 가구의 측판 전체가 지렛대 역할을 하면서 측판과 상하판을 연결하고 있는 나사못을 뽑아낸다. 지렛대가 가하는 힘이 나사못의 체결력을 넘어서는 순간 '네모상자'는 헐거워지는데 이 힘은 지렛대의 길이, 즉 네모상자 측판의 길이에 비례해서 커진다. 옷장과 같이 큰 가구를 단순 상자 구조로 만들지 않는 것은 이 때문이다.

가구에 숨어 있는 지렛대 대처법

가구에 가해지는 일상적인 하중을 수십 배로 증폭시켜 가구를 망가뜨리는 가구의 적, 지렛대에 맞설 방법은 무엇일까. 의자를 예로 들어 살펴보자.

첫째는 부하 분산이다. 코너 블럭/브라켓을 사용하면 의자의 말썽 부위(뒷다리와 좌판 밑 측면 가로대의 연결 부위, 지렛대의 작용점)에 집중되는 힘을 효과적으로 분산시킬 수 있다. 지렛대의 작용점을 몇 개 더 추가해 부하를 나누는 방식이다. 의자의 앞다리와 뒷다리 사이에 중간 가로대를 추가하는 것도 좋다. 지렛대는 그대로 있지만 지렛대의 힘점에 작용하는 힘을 의자의 앞다리와 뒷다리 전체로 분산시키는 방법이다.

둘째는 원천 차단이다. 의자의 뒷다리가 뒤로 쭉 뻗어 있는 까닭이 단지 디자인적 고려라고 생각한다면 오산이다. 뒷다리가 좌판 끝을 기준으로 7~8cm만 뒤로 더 뻗어 있어도 의자를 까딱이기 어렵게 된다. 뒤로 까딱이지 않으면 의자의 지렛대 역시 작용하지 않는다. 여전히 잠재되어 있는 지렛대가 발동하는 상황을 애초에 제거하는 방법이다.

셋째는 말썽 부위를 장부 맞춤으로 연결하고 장부의 길이를 가능한 한 길게 만들어주는 것이다. 장부 맞춤과 못(나사못, 나무못), 둘 중 어느 방식을 사용하든 의자의 좌판 밑 측면 가로대는 여전히 지렛대 역할을 한다. 그러나 장부 맞춤한 의자의 지렛대는 장부의 끝까지 이어지는 'ㅡ' 모양으로, 이 지렛대는 '못'을

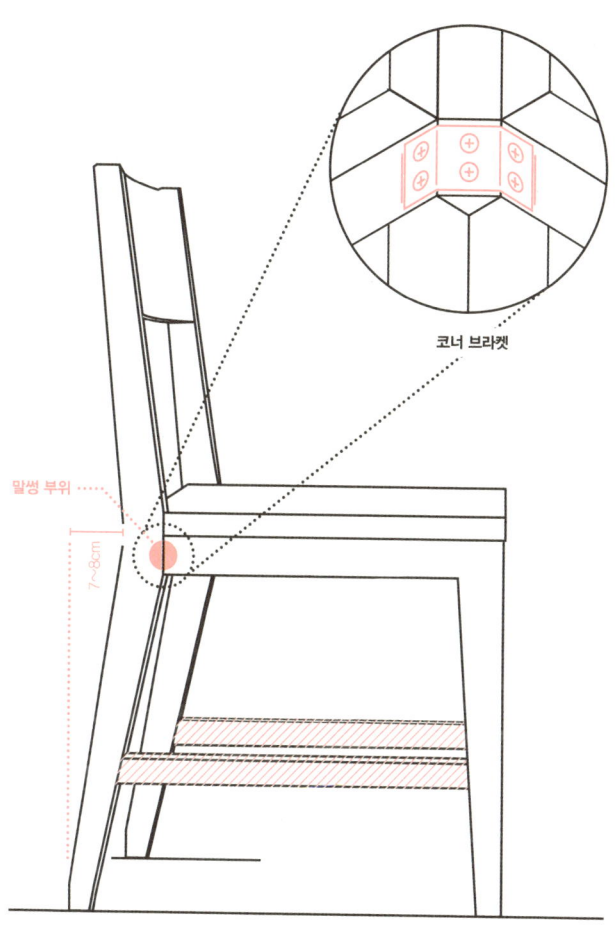

코너 브라켓

말썽 부위

7~8cm

지렛대 대처법

뽑는 것이 아니라 (애초에 못이 없다) 지렛대 원리에 의해 증폭된 힘을 장붓구멍의 안쪽 모퉁이에 전달한다. 그 힘이 나무가 견딜 수 있는 한계를 넘어서면 장부와 장붓구멍 중 어느 한쪽이 변형되면서 맞춤이 헐거워지지만, 그 튼튼함은 '못'을 박아 만든 의자보다 월등하다. 이때 장부의 길이가 길수록 지렛대 원리의 분모에 해당되는 숫자가 커지고, 지렛대가 의자에 가하는 힘은 줄어든다. 정리하자면 부하의 집중을 더 잘 견디는 방식으로 연결 방법을 바꾸고, 지렛대에 의한 힘 증폭 또한 완화시키는 것이다. (장부 맞춤은 목공용 접착제와 함께 쓰이고 그 결합력도 접착제의 접착력과 함께 설명되어야 하지만, 여기서는 장부 맞춤의 구조적 특징을 설명하기 위해 접착제의 역할은 배제했다.)

앞서 제시한 방법을 참고하되 기본적으로는 지렛대 원리의 분모를 결정하는 가구의 요소를 파악해 지렛대에 의한 증폭효과를 최소화하는 노력이 필요하다. 5mm만 신경 써도 가구 내부의 스트레스를 수십 kg 줄일 수 있다.

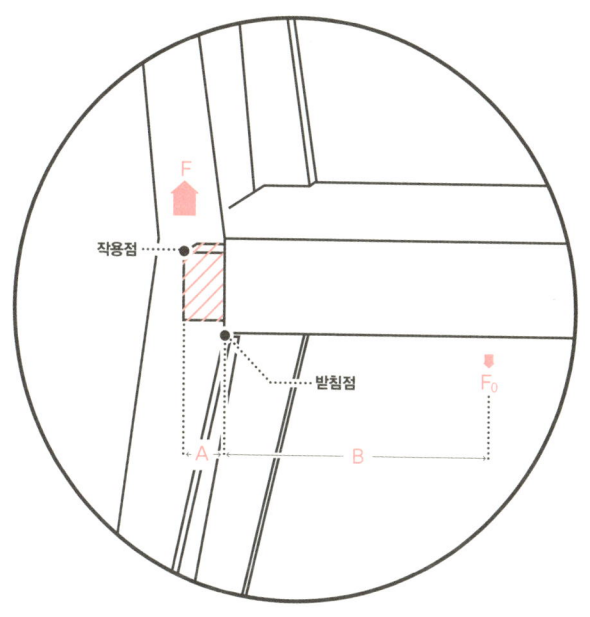

**장부의 길이(A)가 길수록
지렛대가 의자에 가하는 힘은 작아진다.**

김목공의 우드워크

책상

목공으로 공간을 상상하기

좋은 나무로 잘 만들어진 책상을 갖고 싶었다. 홍대 인근 목공방을 쭉 둘러봤지만 마음에 쏙 드는 물건이 없었다. 정확히 말하자면 견적을 받고, 상담을 할수록 마음이 혼란스러워졌다.

"좋은 나무로 잘 만들 수는 있는데 어떻게 만들어달라는 것인가요?"

대형마트가 제시하는 생활 방식과 취향을 소비하던 사람에게 '어떻게'라는 목공방의 질문은 선뜻 답하기 어려운 것이었다.

목공을 배우면서 내가 바라는 책상의 모습을 구체적으로 생각해보기 시작했다. 막연히 큰 책상을 원했지만 정작 놓아둘 공간이 넉넉하지 않았다. 평소 앉아서 보내는 시간이 많으니 때로는 서서 쓸 수도 있으면 좋겠다 싶었다. 복층 구조로 입식과 좌식을 겸하는 책상이라면 제격이다.

동물은 경험을 통해 세계를 인식한다. 고양이에게 문은 문일까 혹은 벽일까? 스스로 열어보지 않은 문은 고양이에게 벽일 뿐이다. 목공을 통해 무언가를 만들어본 경험은 주변 공간을 바라보는 인식을 바꾼다. 이를 테면 마트 물건으로 공간을 채우는 데서 벗어나, 나만의 방식으로 공간을 변화시킬 수 있다는 것을 깨달으면 그때부터 우리는 공간을 두고서 상상할 수 있게 되는 것이다. 이것이 목공의 가장

With its compact footprint, this desk serves as a perfect computer workstation in the kitchen or bedroom. The handsome frame-and-panel case will be a focal point wherever you put it.

책상

인터넷에서 우연히 발견한 책상 사진.
머릿속의 스케치가 그대로 구현되어 있는 듯했다.

≪WOOD≫ 193호, October 2009

큰 매력이다.

책상을 상상하는 것은 즐거웠다. 그러나 상상을 스케치로 옮기는 일은 만만치 않았다. 가구는 구상 – 스케치 – 도면화 – 제작의 과정을 거쳐 만들어진다. 재밌게도 제작 경험이 없는 사람은 마음껏 상상하고 스케치할 수 있지만, 일단 한번 만들어본 사람은 자기가 만들 수 있는 범위에서 스케치하게 된다. 제작 기술이 뒷받침되어야 스케치도 풍부해지는데, 자신의 스케치가 마음에 드는 그때부터 가구를 만들면 된다.

인터넷에서 책상 사진을 뒤져보는 게 습관이 되어버린 어느 날, 공교롭게도 나의 상상을 실물로 구현해놓은 듯한 사진을 발견했다. 똑같이 만들고 싶지 않았지만 한번 눈에 든 이상 그 디자인에서 벗어날 수가 없었다. 아무리 고민해도 그보다 더 나은 디자인이 떠오르지 않았다. 결국에는 차별화를 위해 완성도를 희생하기로 마음을 정하고 작업에 착수했다.

그런데 예상 밖의 곳에서 고민의 해결책을 찾았다. 바로 목공방 한켠에 쌓여 있던 자투리 나무였다. 이전에 20개의 의자를 만들고 남은 것들이다. 제재목 토막에서 의자 뒷다리를 오려내고 남은 자투리는 그 모양 때문에 재활용하기가 여의치 않은데, 목공방에 그런 자투리가 40개나 있었다. 아깝다는 생각만 늘 하고 있었는데, 이번에 다시 보니 그 모

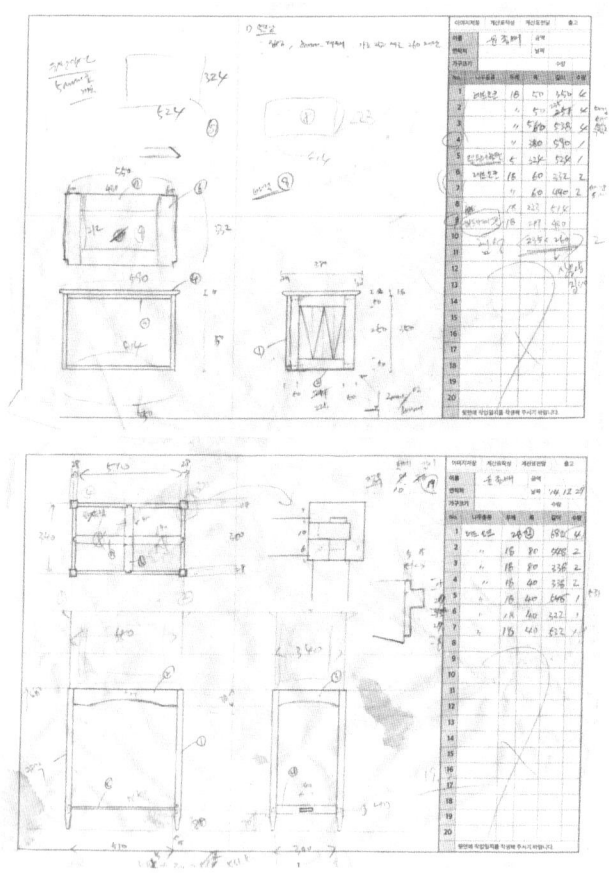

책상 도면과 목재 주문서

김목공의 우드워크

양대로 집성을 하면 책상 상부 캐비닛의 옆면 알판으로 꼭 맞겠다는 생각이 들었다. 마침 그 종류도 체리, 하드메이플, 오크, 애쉬 등으로 다양해서 나무의 색상 차이를 이용한 대비를 만들어내는 것도 가능했다.

이 책상의 형태적 디테일은 다른 사람의 작품에서 비롯되었지만 자투리를 모아서 만든 옆면 알판만큼은 나의 고민과 감정이 고스란히 반영된 결과물이다. 부분적이나마 차별화함으로써 참고로 했던 책상과는 다른 느낌으로 완성시켰다고 말하고 싶다.

한편, 이 책상의 한쪽에서는 재미난 실험이 진행 중이다. 나무가 계절에 따라 수축 – 팽창한다는 것은 목공인들의 상식인데, 이 책상을 만들었던 당시 그 상식을 내 눈으로 확인하고 싶었다.

책상 상부 캐비닛의 문짝을 살펴보면 문짝의 테두리 부분은 나무를 길이 방향으로 이어서 틀을 만들었기 때문에 계절간 수축 – 팽창이 거의 없다. 반면, 틀 안쪽에 끼워 넣은 알판은 폭 방향으로 수축하거나 팽창한다. 앞서 설명했듯이 나무의 길이 방향은 치수가 안정적인 반면, 폭 방향으로는 수축 – 팽창이 일어나기 때문이다. 책상을 만든 시점이 겨울이니 알판은 최대로 수축되어 있는 상태였다. 여름이 되면 이 알판이 과연 몇 mm나 팽창하게 될까?

일반적으로 문짝은 알판의 수축 – 팽창이 겉으로 드러

나무의 수축과 팽창에 따른
틈새의 변화

나지 않도록 제작된다. 하지만 이 책상은 내가 직접 쓸 것이니 알판의 변화를 볼 수 있게끔 만들었다. 여름철 팽창을 감안해서 알판과 틀 사이에 2mm의 틈을 둔 것이다.

그런데 계절이 바뀌고 정작 여름이 되었는데도 틈새에 변화가 없길래 목공이 꼭 이론대로 되지는 않는구나 싶었다. 그러던 차에 7월 말, 습도가 급격히 높아진 2~3주 동안 알판이 팽창하더니 마침내 틈새가 완전히 메워지는 것을 관찰할 수 있었다.

겨울이 다가오는 지금 이 틈은 다시 2mm로 벌어져 있다. 여전히 진행 중인 이 실험 덕분에 내가 만든 가구를 곁에 두고 지켜보는 재미를 알게 되었다. 지금에야 비로소 내 가구를 제대로 이해하게 되었다는 생각도 든다.

책상, 2014
레드오크, 체리, 하드메이플
1,050mm x 590mm x 380mm

목공의 묘미, 나무의 수축과 팽창

수축 – 팽창과 함수율

나무가 수축 – 팽창하는 이유는 간단하다. 나무를 구성하는 세포가 수축 – 팽창하기 때문이다. 나무는 여러 개의 빨대를 한데 묶어놓은 것과 흡사한 세포의 다발로 볼 수 있는데, 각각의 세포는 주위의 습도 변화에 반응하며 수축 또는 팽창한다.

정확히는 빨대의 가장자리에 해당하는 세포벽의 두께가 변화하는 것이다. 수분을 머금을 때는 두꺼워지고 수분을 뱉을 때는 얇아진다. 이러한 세포 단위에서의 부피 변화의 총합이 전체 나무의 수축 – 팽창으로 나타난다.

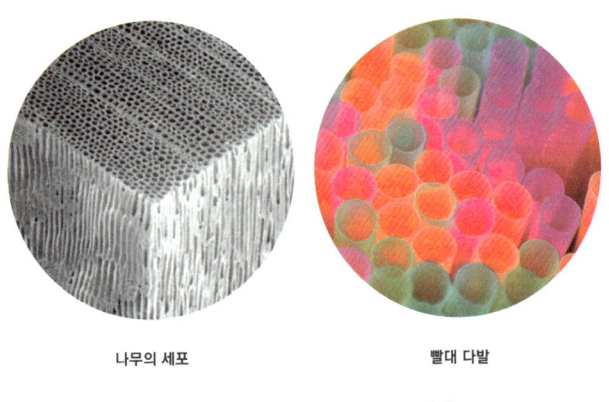

나무의 세포

『Wood Handbook』, USDA Forest Service,
Forest Products Laboratory

빨대 다발

pixabay.com

김목공의 우드워크

함수율

나무의 수분 함량은 '나무가 포함하고 있는 수분의 질량'을 '완전 건조된 나무의 질량'으로 나눈 값인 함수율로 표시한다.

MC Moisture Content

$$= \frac{m_{water}}{m_{wood}} (100\%) = \frac{m_{wet} - m_{dry}}{m_{dry}} (100\%)$$

m_{water} : 나무가 포함하고 있는 수분의 질량

m_{wood} : 완전 건조 후 나무 질량

m_{wet} : 건조 전 나무 질량 (수분 포함)

m_{dry} : 완전 건조 후 나무 질량 (m_{wood}와 같다)

❶ 갓 베어낸 북미산 애쉬의 함수율은 40~50%, 오크의 함수율은 70~80% 정도다.

❷ 가구용으로 쓰기 위해 인공 건조한 나무의 함수율은 소프트우드는 7~9%, 하드우드는 6~8% 수준이다.

수축 – 팽창의 특성은 나무를 완전히 건조시키는 동안 일어나는 수축 양상을 함수율 변화에 따라 그려보면 더 잘 이해할 수 있다.

흥미롭게도 나무의 수축 – 팽창은 함수율이 30% 이하인 구간에서만 일어난다. 이와 같은 경계점을 섬유포화점^{fiber saturation point}이라고 하며, 거시적으로는 나무의 수축이 시작되는 함수율 값으로, 미시적으로는 세포벽 안에 갇혀 있는 결합수의 방출이 시작되는 함수율 값으로 이해할 수 있다. 대부분 나무의 섬유포화점은 30% 전후다.

다른 재미있는 사실은 섬유포화점 이하의 구간에서 나무가 수축하거나 팽창하는 비율이 거의 일정하다는 점이다. 아래에서 보듯이 해당 구간에서 함수율vs수축률 그래프는 반비례 직선으로 나타난다.

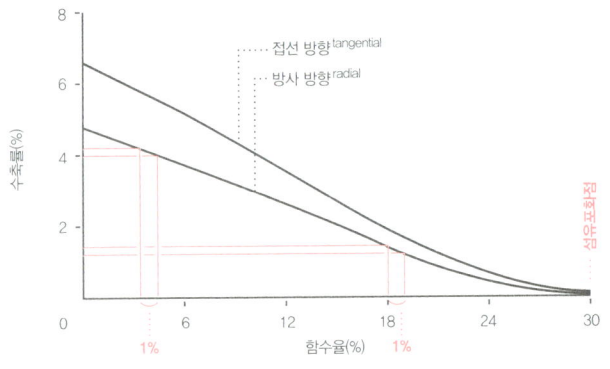

함수율과 수축률의 상관관계

수축-팽창의 방향성

앞서 나무의 세포 조직과 빨대 다발의 유사성을 빌어 수축-팽창의 원리를 설명했지만 그 성질이 완전히 일치하는 것은 아니다. 빨대 다발은 무작위로 묶여 있지만 나무의 세포는 나이테를 따라 둥글게 배열되어 있으며, 빨대 다발에는 없는 방사세포를 나무는 가지고 있다. 이와 같은 세포 배열의 방향성과 방사세포의 존재로 인해 나무의 수축-팽창도 방향성을 가진다.

애쉬를 예로 들어보자. 갓 베어낸 상태에서 함수율이 0%가 될 때까지 완전 건조시키는 동안 애쉬는 나이테와 나란한 방향(접선 방향)으로 7.8%, 나이테와 수직한 방향(방사 방향)으로 4.9% 수축한다. 나무의 종류에 따라 조금씩 차이가 있으나 일반적으로 접선 방향 대 방사 방향의 변형 비율을 2:1로 기억해두면 편리하다. 나무의 길이 방향으로는 완전 건조될 때까지 0.1~0.2% 정도 수축하는데, 이는 가구를 만들 때 무시해도 좋을 수준이다.

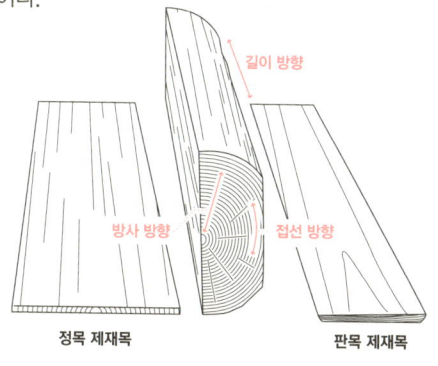

길이 방향

방사 방향   접선 방향

정목 제재목   판목 제재목

완전 건조 시 총 수축량	수종	수축량(자연상태 ▶ 완전 건조)	
		방사 방향(%)	접선 방향(%)
〈표 1〉	오크 northern red	4.0	8.6
『Wood Handbook』, USDA Forest Service, Forest Products Laboratory	오크 white	5.6	10.5
	애쉬 white	4.9	7.8
	메이플 black	4.8	9.3
	체리 black	3.7	7.1
	월넛 black	5.5	7.8

함수율 1%당 변화당 수축량	수종	평균 수축량(함수율 1%당)	
		방사 방향(%)	접선 방향(%)
〈표 2〉	오크 northern red	0.13	0.29
『Wood Handbook』, USDA Forest Service, Forest Products Laboratory	오크 white	0.19	0.35
	애쉬 white	0.16	0.26
	메이플 black	0.16	0.31
	체리 black	0.12	0.24
	월넛 black	0.18	0.26

좌측의 〈표 1〉은 가구재로 주로 쓰이는 6종의 나무에 대해 각 방향별 완전 건조시 총 수축량을 정리한 것으로, 나무별 수축-팽창 경향성을 파악하는 데 많은 도움이 된다.

가구를 사용하는 일반적인 환경에서 나무의 함수율이 0%(완전 건조)로 떨어지거나 30%(섬유포화점)까지 올라가는 일은 없다. 함수율도 그 사이의 좁은 구간에서 변화하며 수축-팽창 역시 해당 구간 안에서만 일어난다. 따라서 〈표 1〉의 수치는 이론적으로는 흥미롭지만 가구 제작에 써먹을 일은 없다.

대신, 〈표 2〉와 같이 함수율 1% 변화당 나무의 수축량을 따로 정리해두면 편리하다. 대부분 나무의 섬유포화점이 30% 전후라는 점과 섬유포화점 이하 구간에서 함수율 1% 변화당 나무의 수축-팽창 비율이 일정하다는 점을 이용하면, 함수율 1% 변화당 수축-팽창량을 계산할 수 있다. 〈표 1〉의 총 수축량을 30으로 나누기만 하면 된다.

평형 함수율

함수율과 공기 중 습도와의 관계까지 이해하면 나무가 상대 습도의 변화에 따라 수축-팽창하는 특성을 완전히 이해할 수 있다.

물에 적신 나무를 공기 중에 두면 마르게 되는데, 이때 나무의 함수율도 따라서 줄어든다. 그 상태로 시간이 충분히 흐르면

평형 함수율	기온	상대 습도(단위 %)					
		10	30	50	70	85	90
〈표 3〉	−1.1℃	2.6	6.3	9.5	13.5	18.5	21.0
『Wood Handbook』, USDA Forest Service, Forest Products Laboratory	10℃	2.6	6.3	9.5	13.4	18.4	20.9
	21.1℃	2.5	6.2	9.2	13.1	17.9	20.5
	32.2℃	2.3	5.9	8.9	12.6	17.3	19.8
	43.3℃	2.2	5.6	8.4	12.0	16.6	19.1

어떻게 될까. 함수율이 줄어들다가 공기 중 습도와 나무 내 수분이 균형을 이루어 공기와 나무 간의 수분 이동이 더 이상 일어나지 않는 평형 상태에 도달한다. 이때의 함수율 값을 해당 습도에 대한 나무의 평형 함수율이라고 한다. 평형 함수율은 나무의 세포 단위 특성이어서 수종과 무관하게 적용 가능하다.

책상 상판의 수축 – 팽창량 계산

이제는 애쉬로 만든 책상의 상판이 봄과 여름 사이에 얼마나 수축 – 팽창하는지 계산할 수 있다.

기상청 통계에 따르면 우리나라의 봄철 습도는 50~70%, 여름 장마철 습도는 70~85%다. 먼저 각 계절의 습도 조건에 해당하는 애쉬의 평형 함수율을 〈표 3〉에서 찾아보자. 봄철(기온 10~20℃, 습도 50%)의 평형 함수율은 약 9.2%, 여름 장마철(기온 30℃, 습도 85%)의 평형 함수율은 17.3%다. 애쉬는 두 계절 사이에 8.1%의 함수율 변화를 겪는다.

한편, 함수율이 1% 변할 때 책상 상판이 얼마나 수축–팽창하는지도 〈표 2〉를 통해 알 수 있다. 상판이 정목 제재목에 가깝다면 방사 방향의 수축–팽창량 값을, 판목 제재목에 가깝다면 접선 방향의 수축–팽창량 값을 이용하면 된다.

보수적인 계산을 위해 상판이 판목 제재목을 집성한 판재라고 가정하면 상판의 계절 간 폭 방향 수축–팽창량은 0.26%(〈표 2〉 애쉬의 접선 방향 수축량)에 8.1%(봄~여름 사이 함수율 변화 수치)를 곱한 값인 2.1%다(정목 제재목 집성판재일 경우 1.3%).

위와 같은 계산이 복잡하게 느껴진다면 결론만 알고 있어도 좋다. 나무는 계절 사이에 폭 방향으로 1~2% 정도 수축–팽창한다. 그러나 그 배경까지 알아두면 더욱 좋다. 여러 가지 상황, 이를 테면 우리나라와 기후 조건이 다른 곳에서 가구를 만들거나, 특수한 습도 조건에서 쓰이는 가구를 만드는 상황에 유연하게 대처할 수 있기 때문이다.

정목 제재목 quartersawn board (곧은결 제재목)
통나무를 나이테에 수직한 방사 방향으로
또는 그에 가까운 방향으로 제재해 얻은 목재

판목 제재목 plainsawn board (무늿결 제재목)
통나무를 나이테에 대한 접선 방향으로
또는 그에 가까운 방향으로 제재해 얻은 목재

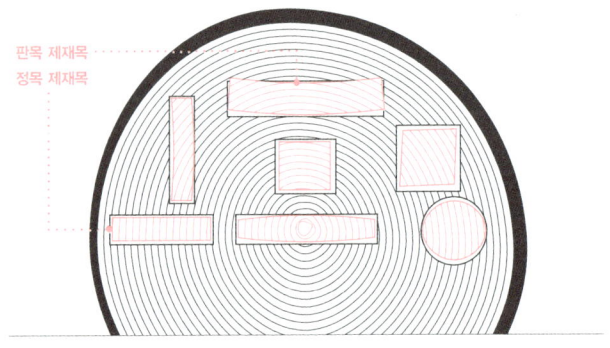

판목 제재목
정목 제재목

통나무 단면에서 살펴본 목재 변형

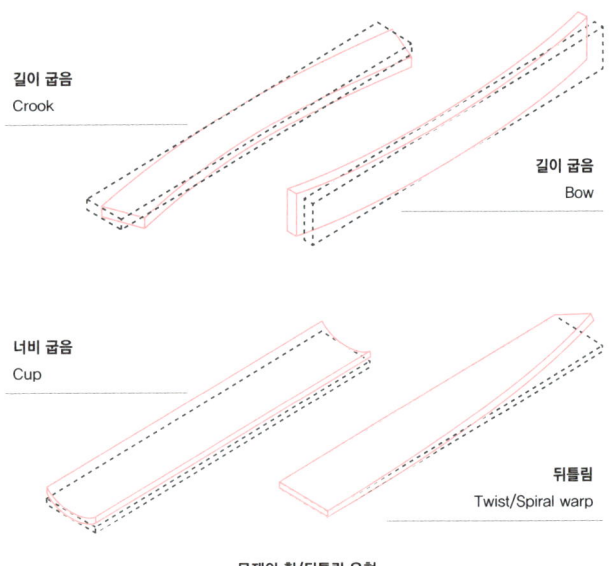

길이 굽음
Crook

길이 굽음
Bow

너비 굽음
Cup

뒤틀림
Twist/Spiral warp

목재의 휨/뒤틀림 유형

김목공의 우드워크

나무의 휨과 뒤틀림

나무의 수축 – 팽창으로 인한 폭 방향의 치수 변화는 예측이 가능하기에 가구의 구조를 계획할 때 적절히 감안해주기만 하면 큰 문제가 되지 않는다. 하지만 수축 – 팽창 특성에 기인한 또 다른 문제인 나무의 휨과 뒤틀림은 그 성격이 조금 다르다.

목공방에 들어오는 제재목을 살펴보면 그 모양이 제각각이다. 통나무에서 켜낸 당시에는 네모반듯했을 제재목이 건조 과정을 거치면서 휘고 뒤틀렸기 때문이다.

왼쪽의 그림은 판재, 각재, 봉재가 각각 건조 과정에서 변형되는 모습을 통나무로부터 취한 위치에 따라 도식화한 것이다. 나무가 나이테와 수직한 방향보다 나란한 방향으로 더 많이 수축 – 팽창(그림의 경우 수축)한다는 것을 떠올려보면 각각의 변형을 이해하는 것이 어렵지 않다. 길이 굽음이나 뒤틀리는 현상은 조금 더 복합적이지만 너비 굽음은 명쾌하게 설명할 수 있다. 또한 이 그림을 통해 정목 제재목이 판목 제재목 대비 치수 안정성이 좋고 너비 굽음 현상이 덜한 이유 역시 이해할 수 있다.

나무의 휨/뒤틀림이 문제가 되는 이유는 제재목 상태에서 휘고 뒤틀린 나무는 계속해서 휘고 뒤틀리기 때문이다. 이러한 제재목을 대패질해서 가공 시점을 기준으로 평면과 직각을 맞출 수는 있으나, 주위 습도 조건이 변하면 또다시 휘고 뒤틀린다. 나무가 수축 – 팽창을 계속하는 한 휨/뒤틀림이 반복되는 것을 막을 수는 없다. 가구를 만드는 작업 기간이 길어질 경우, 각각의 가공 시점을 기준으로 정확하게 가공한 부재가 최종 조립 시점에 서로 잘 맞지 않는 난감한 상황이 종종 생기는 것은 이 때문이다.

가구를 완성한 뒤에도 휨/뒤틀림에 의한 문제가 발생할 수 있다. 원목 통판으로 만든 문짝은 십중팔구 휘게 되는데 이를 보완하는 방법이 문짝을 틀 – 알판 구조로 만드는 것이다. 하지만 이 경우도 틀에 쓰인 나무가 심하게 휘면 문짝 전체가 틀어지는 것을 막을 수는 없다.

나무의 휨/뒤틀림을 방지할 완전한 대비책은 없다. 문짝과 같이 휨/뒤틀림에 치명적인 부위만이라도 그 정도가 덜한 종류의 나무와 부위를 골라서 쓰고, 마감제를 꼼꼼히 발라 나무가 수분을 흡수하거나 방출하는 속도를 늦추는 등 할 수 있는 만큼의 노력을 할 뿐이다.

**휨/뒤틀림이 덜한
나무 고르기**

❶ 세포가 일정한 직선으로 자라 있는 나무(나무를 켜낸 단면에서 관찰 가능하다), 나뭇결이 전체적으로 고른 나무가 덜 휜다.

❷ 옹이 주변은 나무의 세포가 뒤엉켜 있다. 즉, 휘고 뒤틀리는 경향이 크다.

❸ 정목 제재목이 판목 제재목보다 너비 굽음 경향이 덜하다.

❹ 뒤틀림은 나무의 종류와도 관련성이 높다.

뒤틀림 경향이 작은 나무
— 스트로브 잣나무 white pine
— 체스트넛 chestnut
— 배스우드 basswood

뒤틀림 경향이 큰 나무
— 변재 검 sap gum
— 블랙 검 black gum

김목공의 우드워크

옷장

보리 이삭 옷장의 탄생

돈을 받고 남의 가구를 만들 일이 생겼다. 이런 경우가 전에도 몇 번 있긴 했지만 가까운 지인의 물건이었고, 액수와 관계 없이 물건값이라기보다 사례에 가까운 돈이었다. 이번 의뢰인은 목공방에서 '내 맘대로 목공' 수업을 같이 들은 동기생이었다. 연이 없지는 않지만 남과 다름없고 나름 가격 협상까지 했으니 받은 돈이 물건값임은 분명했다.

의뢰인이 요청한 가구는 옷장이었다. 사실 가구 중에서도 옷장을 제작해볼 기회는 드물다. 요즘에는 옷장이 붙박이장이나 저렴한 철제 행어로 대체되고 있는 데다가 옷장처럼 큰 가구를 집에 들일 때는 아무래도 보수적인 선택, 즉 브랜드 가구를 선호하는 경향이 있기 때문이다.

큰 작업을 해보고 싶은 욕심에 승낙은 했지만 받기로 한 돈만큼의 값어치가 있는 가구를 만들 수 있을지, 대가를 받고 타인의 마음에 드는 가구를 제작하다가 행어 만드는 즐거움을 잃어버리게 되지는 않을지 걱정이 되었다. 고맙게도 옷장의 크기와 나무 선택을 제외하고는 나에게 모두 맡겨줘 걱정을 덜고 자유롭게 작업할 수 있었다.

이번에 만든 옷장은 너비가 1.1m, 높이가 2.3m로 옷장 중에서도 큰 편에 속한다. 몸체를 한 덩어리로 만들 경우 일반적인 가정집에는 들일 수도 없는 크기여서 위와 아래를 2단으로 분리시켜 각각을 '큰 장을 만드는 법'^{103쪽}에 따라 장부 맞춤으로 제작했다.

작업 규모가 크다 보니 힘에 부치는 순간도 몇 차례 있었다. 하루는 작업 중 기계 대패의 구동 벨트가 끊어진 일이 있었는데, 그와 동시에 그간 팽팽하게 당겨져 있던 내 마음도 탁 풀려버렸다. 다뤄야 하는 나무의 양과 목표 일정에 나도 모르게 눌려 있었던 것이다. 그날은 더 이상 작업에 진전이 없어 그 다음 날까지 하루를 더 쉰 다음에야 다시 작업에 착수할 수 있었다.

옷장의 본체 작업을 끝내고 나면 문짝과 손잡이, 옷걸이 봉 등 세부 요소에 대한 고민이 시작된다. 자칫 적당히 타협하고 싶은 유혹에 빠지기 쉬운 시점이다. 모양새가 조금 못나더라도 손쉬운 방법으로 얼른 만들어버리고 싶은 유혹, 시중에서 구할 수 있는 부속은 사서 달아버리고 싶은 유혹이 앞선 작업의 고됨에 비례해서 커진다. 여기서 뚝심을 발휘해야 한다. 마무리가 좋지 않으면 하지 않은 것만 못하다. 적당히 타협한 물건이 내 마음에 들 리 없고, 내 마음에 안 드는 물건이 남의 마음에 들 리가 없다.

그중에서도 문짝의 알판 처리가 가장 고민이었는데, 이번에도 답은 나무가 알려줬다. 공방 구석에 쌓여 있던 일정한 폭의 자투리 나무들을 펼쳐보다가 문득 지그재그 형태로 나무를 집성해봐야겠다는 생각이 들었다. 자투리에는 그것들이 모여 만들어낼 다음 모습을 상상하게 되는 묘한 매력이 있다.

시험 삼아 일부를 먼저 집성해봤는데 결과가 마음에 들어 제재목을 더 잘라 알판 작업을 마무리했다. 보통의 작업 방식보다 재료와 시간이 배로 들었지만 결국 옷장의 가장 특징적인 부분이 되었다. 문짝 알판의 무늬 패턴은 보리 이삭을 연상시켰는데, 옷장의 이름인 '보리 이삭 옷장'은 여기서 착안한 것이다.

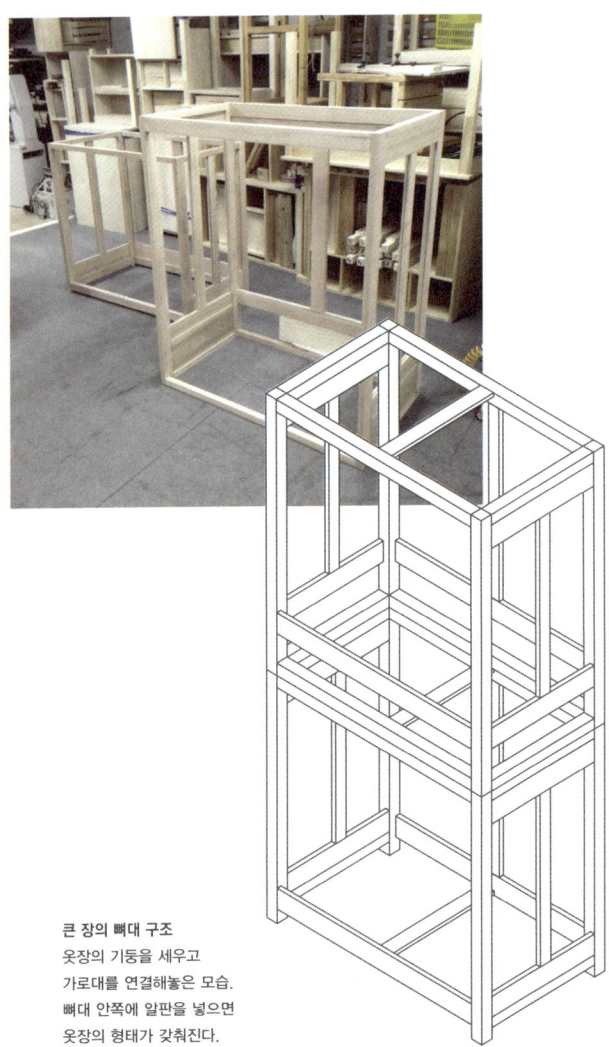

큰 장의 뼈대 구조
옷장의 기둥을 세우고
가로대를 연결해놓은 모습.
뼈대 안쪽에 알판을 넣으면
옷장의 형태가 갖춰진다.

김목공의 우드워크

큰 장을 만드는 법

장을 만드는 손쉬운 방법은 각 면의 크기에 맞게 재단한 판재를 나사못으로 연결하는 것이다. 그러나 이러한 방식으로 큰 장을 만드는 것은 구조적으로 적합하지 않다. 옷장을 들지 않고 옆으로 밀어서 옮기거나 수평이 맞지 않는 바닥에 둘 경우, 옷장의 옆면 전체가 긴 지렛대 역할을 하게 되어 각 면을 서로 고정하고 있는 나사못을 뽑아내기 때문이다. 옷장에 가해진 힘은 지렛대의 원리에 의해 수십 배 부풀려져 나사못에 전해지고, 옷장은 금세 헐거워진다.

따라서 큰 장은 집을 짓듯 기둥을 세워서 만드는 것이 좋다. 집의 들보에 해당하는 가로대를 가구의 기둥에 장부 맞춤으로 끼워 넣게 되면, 기둥이 두꺼운 만큼 장부를 깊게 박아 넣을 수 있어 구조적으로 몹시 튼튼해진다. 또한 이렇게 할 경우 장의 옆면이 자연스레 분할되거나 입체적으로 표현되어 모르는 사람이 봐도 가구가 좋아 보이는 요소가 된다.

옷장, 2015
레드오크, 체리
2,300mm x 1,100mm x 650mm

① 옷걸이 봉과 거치 부속
② 깎아 만든 손잡이
③ 지그재그로 집성한 문짝

김목공의 우드워크

짜맞춤의 배후, 목공용 접착제

짜맞춤을 나무와 나무를 깎아서 서로 끼워 맞추는 구조적 결합으로 생각하기 쉽지만 그 견고함을 완성하는 것은 바로 목공용 접착제다.

오른쪽 사진의 주먹장 맞춤 샘플은 모두 애쉬로 만든 것이다. 이 중 한 샘플에만 접착제를 바르고 완전히 굳을 때까지 기다린 뒤 각각의 샘플을 꺾어봤다. 접착제를 바르지 않은 쪽은 맞춤 부위의 테일과 핀이 변형되면서 비교적 쉽게 헐거워지는 반면, 접착제를 바른 쪽은 테일과 핀이 서로 붙어 있기 때문에 둘 중 어느 한쪽이 부러지지 않는 한 견고함을 유지하게 된다.

목공용 접착제는 단순히 짜맞춤 부위가 빠지지 않도록 고정시키는 역할에 그치는 것이 아니라 맞춤 부위 양쪽의 나무를 완전히 하나로 결합시킨다. 과장해서 말하자면 목공용 접착제를 사용해서 짜맞추는 것이 집성의 변형된 형태라고 해도 좋을 정도다.

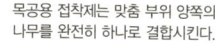
목공용 접착제는 맞춤 부위 양쪽의
나무를 완전히 하나로 결합시킨다.

주먹장 핀^{Pin}

주먹장 테일^{Tail}

접착제 미적용

접착제 적용

목공용 접착제의
접착 원리

목공용 접착제의 접착 원리는 단순하다. 접착
제가 양쪽 접착면에 스며들어 형성한 '스며든
층'을 그 사이의 '접착제 층'이 붙들고 있는 것
이다. 이때 스며든 층은 두꺼울수록, 접착제
층은 얇을수록 접착력이 세진다.

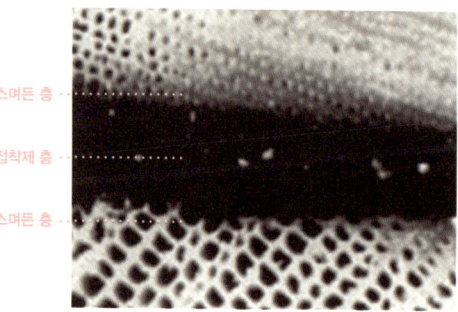

스며든 층

접착제 층

스며든 층

접합 유형

나무의 세 가지 접합 유형을 비롯해 각각에 대한 목공용 접착제의 쓰임을 살펴보자.

❶ 나뭇결면 – 나뭇결면 접합

목공용 접착제의 접착력이 100% 발휘되는 접합 유형이다. 이때의 접착력은 나무 자체의 강도보다 세서 강제로 떼낼 경우 접착면은 끄떡없고 오히려 주변의 나무가 뜯겨 나올 정도다. 판재를 집성하거나 합판을 제조할 때의 접합 유형이다.

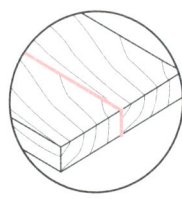

❷ 나이테면 – 나이테면 접합

목재 공장에서 짧은 나무를 이어 긴 집성목 판재와 각재를 만들 때 사용하는 접합 유형. 이경우 목공용 접착제의 접착력은 나뭇결면 –

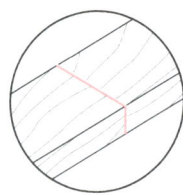

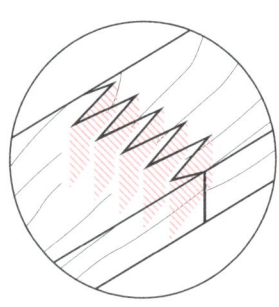

핑거 조인트

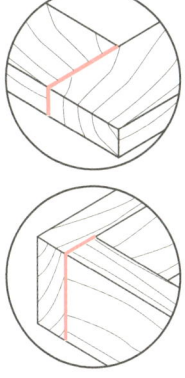

나뭇결면 접합 대비 4분의1수준에 불과하다. 충분한 접합 강도를 확보하기 위해서는 접합부 양쪽의 나이테면에 자잘한 경사부를 내어 나뭇결면−나뭇결면 접합과 유사한 접착 조건을 만든 다음 붙여야 한다. 이와 같은 접합을 핑거 조인트finger joint라고 한다.

❸ 나이테면−나뭇결면 접합

가구를 만들 때 가장 중요한 접합 유형이다. 목공용 접착제의 접착력이 나이테면−나이테면 접합과 비슷하며, 접착제만으로는 가구에 필요한 수준의 접합 강도를 확보할 수 없기 때문에 나사못이나 짜맞춤 방식을 이용한다.

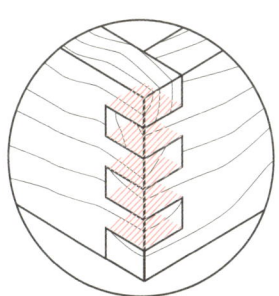
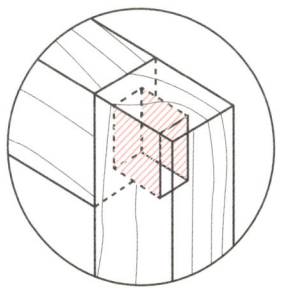

짜맞춤의 유효 접착면

목공용 접착제 잘 사용하기

유효 접착면

접착의 강도는 유효 접착면(짜맞춤 가공을 통해 확보한 나뭇결면-나뭇결면 접합부) 면적에 비례한다. 예를 들어 테일이 여섯 개인 주먹장 맞춤은 테일이 세 개인 주먹장 맞춤보다 두 배로 견고하다. 유효 접착면 면적이 두 배이기 때문이다. 따라서 짜맞춤의 디테일(주먹장 테일의 개수, 장부의 모양 등)을 설계할 때 이왕이면 유효 접착면을 많이 확보할 수 있는 방향으로 구상하는 것이 좋다.

가공 정밀도

흔히 짜맞춤은 헐거워서도, 너무 빡빡해서도 안된다고 한다. 클램프clamp나 망치를 이용하지 않고 손의 힘만으로도 끼웠다 뺐다 할 수 있는 정도가 좋다. 목공용 접착제의 관점에서 보자면 짜맞춤이 헐거울 경우 접착제 층이 두꺼워져서 접착력이 떨어지고, 너무 빡빡하면 나무를 끼워 넣을 때 접착제가 접착면에서 모두 밀려나가기 때문이다. 손힘으로 끼웠다 뺄 수 있는 정도의 빡빡함이 접착제 층이 가장 알맞은 두께로 형성되는 간격이다.

유효 접착면에서의 접착제 층 두께는 순전히 가공의 정밀도에 의해 결정된다. 나중에 클램프를 세게 조인다고 해서 접착제 층이 얇아지지 않으며 접착의 강도에도 아무 영향을 주지 않는다.

가공면 품질

맞춤 부위의 가공면은 깔끔해야 한다. 목공용 접착제는 나무 표면의 손상된 세포층 아래에 있는 온전한 세포층의 2~6층 정도까지 침투해야 접착력을 제대로 발휘할 수 있다. 가공면이 거칠다는 것은 세포층 아래로 침투한 접착제가 기껏 붙잡고 있는 것이 이미 다 끊어져 너덜너덜한 섬유줄기라는 뜻이다. 매끄럽게 정리되지 않은 가공면에서 나무 거스러미가 얼마나 잘 일어나는지를 생각해보면 이해하기 쉽다.

또한 가공면이 거칠 경우 접착제 층의 일부분이 지나치게 두꺼워져 접착력 저하의 원인이 되고, 기포가 빠져나오지 못한 공극이 나타나기 쉽다.

접착제 적용

접착제는 유효 접착면의 양쪽에 다 발라야 한다. 한쪽만 바를 경우 가구의 조립이 지연되었을 때 접착제가 말라 반대쪽 면에 제대로 스며들지 못한다. 어느 한쪽이라도 스며든 층이 없다면 접착제를 사용하지 않은 것과 같다.

목공용 접착제와 나무의 수축－팽창

가구가 오래되면 접착 부위가 떨어지는 바람에 장부가 장붓구멍에서 빠져 나오는 경우가 종종 있다. 짜맞춤의 견고함을 완성했던 목공용 접착제에 무슨 일이 생긴 것일까.

나무의 접합 유형 가운데 나뭇결면－나뭇결면 접합은 오른쪽의 〈그림 A〉, 〈그림 B〉와 같이 다시 두 가지로 나뉜다. A는 두 나무의 길이 방향이 서로 일치하는 경우로 제재목을 붙여 판재를 집성하는 것이 여기에 해당된다. B는 나무의 길이 방향이 서로 수직(또는 그에 가까운 각도)으로 교차하는 경우로 얇게 켠 단판을 90°씩 돌려가며 붙이는 합판이 그 대표적인 예다. 짜맞춤에서 유효 접착면의 접착도 B에 해당된다.

애초의 접착력 수준은 두 경우가 동일하다. 양쪽 나무의 스며든 층을 중간에서 붙잡고 있는 접착제 층이 나뭇결의 방향에 구애받지 않기 때문이다. 붙어 있는 면이 나뭇결면이기만 하면 된다.

문제는 습도 변화가 큰 환경에서 나무가 수축－팽창을 장기간 반복할 때 발생한다. A의 경우 접착면 양쪽의 나무와 그 사이에서 굳은 접착제가 모두 같은 방향으로 수축－팽창하기 때문에 시간이 흘러도 접착력 저하가 거의 없다.

반면, B와 같은 접합에서는 접착면을 경계로 양쪽의 나무가 각기 다른 방향으로 수축－팽창함에 따라 시간이 흐를수록 접착제 층에 스트레스가 누적되고 그로 인해 접착력이 현저하게 떨어진다. 이 상태에서 접착부가 견딜 수 있는 것보다 더 큰 하중이 가해지면 접착부는 떨어지고 짜맞춤은 원래대로 나무와 나무의 구조적 결합으로 돌아간다.

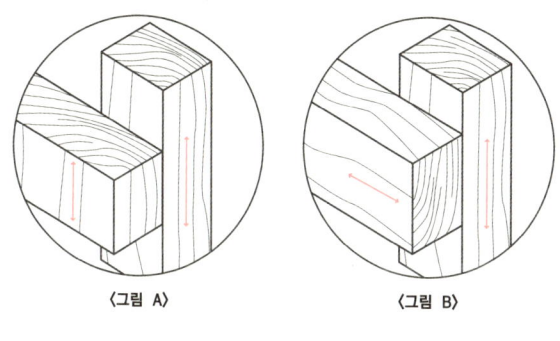

〈그림 A〉　　　　　〈그림 B〉

←――――――→ 길이 방향

김목공의 우드워크

소파 테이블

김목공의 우드워크

나무는 대충 넘어가주지 않는다

　사람들은 왜 뭔가를 만들고 싶어 할까. 그것이 필요해서? 아니다. 만들고 싶은 것이 무엇이든 사서 쓰는 편이 따져보면 훨씬 경제적이다. 정답이 없는 질문이므로 만드는 사람에 따라 각자 자신만의 답을 가지고 있을 것이다.

　내가 가구를 만드는 이유는 '자기'를 표현할 수 있기 때문이다. 가령 헤드폰 수납장을 직접 만들어 씀으로써 내가 음악을 즐겨 듣는 사람임을 드러낼 수 있으며, 뭔가 '다른 책상'을 만들어 씀으로써 나 또한 어딘가 '다른 사람'임을 드러낼 수 있다. 큰 옷장을 만드는 것은 어떤가. 내 손으로 이런 큰 가구를 제작할 수 있다고 내심 자랑할 수 있다. 내 경우 가구를 만듦으로써 다양한 자기를 드러내고 싶은 유치한 욕구를 보다 세련된 방식으로 해소할 수 있게 되었다.

　만드는 사람에게 가구는 자기 표현의 수단이지만, 사용하는 사람에게는 생활을 편안하게 해주는 물건일 따름이다. 그래서 가구는 사용하기에도, 두고 보기에도 편안한 것이 우선이다. 편안함은 질문을 동반하지 않는다. 편안한 것은 마땅히 그 자리에 있으며, 그렇게 쓰이는 것이 당연하게 여겨진다. 이 가구를 어떤 용도로 쓰면 좋을지, 왜 그렇게 만들었는지 일일이 설명해야 한다면 그것은 이미 편안한 가구일 수 없다. 이 단순한 사실을 나는 일본 후쿠오카의 어느 서점에서 책을 읽다가 깨달았다.

그동안 내가 만든 가구는 어떤 가구였을까. 내게는 소중한 물건이지만 누군가에게는 집 안에 들이기 부담스러운 것일지도 모른다. 그런 와중에 소파 테이블을 하나 만들어달라는 부탁을 받았다. 이번에는 나를 드러내는 가구가 아니라 편안한 가구를 만들어봐야겠다는 생각으로 작업에 착수했다.

소파 테이블의 상판은 레드오크 제재목을 직접 집성해서 썼다. 두께 46mm, 폭 760mm, 길이 1,150mm의 테이블 상판을 얻기 위해서는 두께 50mm, 폭 200mm, 길이 1,200mm의 제재목 네 토막을 대패로 다듬어서 폭 방향으로 넓게 붙인 뒤 전체 면을 다시 다듬어야 한다. 집성을 하는 데 걸리는 시간은 작업 환경과 작업자의 숙련도에 따라 달라지지만 (나의 경우 꼬박 하루가 걸렸다) 무거운 제재목을 들고 밀고 당기고 누르기를 수십 차례 반복해야 하는 작업의 고됨은 프로 목수에게든 취미 목공인에게든 똑같다.

그런데 다듬은 제재목을 집성할 순서대로 늘어놓고 보니 무늬와 색상의 연결이 영 자연스럽지 않았다. 고심해서 선택한 나무로 작업한 결과가 나무를 무작위로 붙여 생산한 공장 제품보다 못하게 생긴 것이다. 그대로 진행할 것인가, 작업을 엎고 다시 할 것인가. 정답은 이미 나와 있었지만 그렇다고 고민이 없는 것은 아니었다. 이번에야 작업 초반이기도 했고 다듬어놓은 나무는 나중에 다른 작업에 쓸 수 있어서 선택이 쉬웠지만, 더 난처한 상황에서 이런 고민에 빠진다면 그때는 어떤 결론을 내리게 될까. 지금은 가늠할 수 없는 그 선택이 작업의 완성도를 결정할 것이라는 생각도 든다.

작업을 처음부터 다시 하게 생겼지만 그렇다고 나무를 탓할 수는 없다. 애초에 나무를 고를 때 무늬와 색상을 제대로 맞춰보지 않은 내 무신경함의 결과이기 때문이다. 나무는 결코 대충 넘어가주지 않는다.

나무의 종류가 같을지라도 제재목 각각의 목질, 무늬, 색상은 판이하게 다르다. 심지어 한 나무에서 얻은 제재목끼리도 켜낸 부위에 따라 차이가 있다. 같은 레드오크 제재목이지만 그중에도 무거운 것이 있고 덜 무거운 것이 있다. 나이테의 간격이 넓은 것이 있고 좁은 것이 있다. 나이테의 곡률이 큰 것이 있고 작은 것이 있다. 색상의 차이는 말할 것도 없다. 대패로 다듬은 뒤 서로 이어보면 이 모든 차이가 외관에서 확연히 드러난다. 문제는 이러한 차이가 제재목의 거친 표면 위로 잘 드러나지 않는다는 것이다. 그러니 서로 잘 어울리는 것들끼리 골라내는 게 쉬운 일은 아니다.

두 번째 시도에서는 먼저 번과 같은 낭패를 보지 않기 위해 제재목의 마구리면을 잘 관찰해서 목질이 서로 비슷한 것들을 우선 골라냈다. 그리고 각 제재목 표면을 대패로 손바닥만큼씩만 벗겨 무늬와 색상이 서로 잘 어울리는지 확인

제재목 비교
대패로 표면을 벗겨 색상과 무늬를 확인한다.

목재의 다양한 색상
≪WOOD PLANET≫, 2013. 11

김목공의 우드워크

한 뒤 본 작업에 들어갔다. 작업을 한 번 엎은 대신에 이와 같은 것들을 알게 되었으니 손해는 아니다.

가구를 만들 때 주로 쓰는 나무로 애쉬, 화이트오크, 레드오크, 체리, 월넛 등이 있다. 각각의 나무는 고유한 질감과 무늬, 색상을 가지고 있기 때문에 가구의 성격과 놓여질 공간 안에서의 조화를 고려해서 잘 어울릴 만한 나무를 선택해야 한다.

의뢰인의 거실에는 짙은 청록색 가죽 소파가 있었다. 레드오크의 붉은 빛이 자연스레 배어나는 테이블과 진청록의 소파가 한 공간 안에서 어우러지는 모습을 작업하는 내내 상상했다. 보기에 제법 편안할 것 같다는 생각이 들었다. 그런데 완성한 소파 테이블을 의뢰인의 거실에 막상 가져다 놓고 보니 내가 상상했던 것에 비해 색이 조금 흐린 것이 아닌가. 의뢰인도 색상이 조금 더 짙었으면 하는 눈치다.

변명의 여지는 많다. 사실 이런 상황은 나무로 가구를 만들기로 한 순간부터 예정된 일이다. 딸기의 맛이 딸기맛 우유의 맛과 다르듯, 실제 나무의 색상은 머릿속 레드오크 색상과 다를 수밖에 없다. 나무에 오일 스테인을 입혀 색을 조정할 수는 있지만, 그렇게 되면 표면에 뭔가를 칠한 듯한 인위적인 흔적이 남는다. 원하는 색상으로 맞출 것인가, 나무의 자연스러운 느낌을 살릴 것인가. 어느 쪽을 선택해도 아쉬움이 남을 수밖에 없다.

소파 테이블을 완성해서 의뢰인에게 보내고 난 뒤에도 아쉬움이 가시지 않아 나무 염색에 대한 전문 자료를 찾아봤다. 염료 스테인을 이용하면 나무의 자연스런 느낌을 해치지 않고도 다양한 색상으로 염색이 가능하다는 내용이 소개되어 있었다. 이번 경우처럼 가구의 전체적인 색상을 조정할 필요가 있을 때, 큰 가구에 속한 부재끼리의 의도하지 않은 색상 차이를 조정하길 원할 때, 집성 판재에 쓰인 연결된 나무 토막들의 색상을 비슷하게 맞추고 싶을 때 요긴하게 사용할 수 있을 것 같다.

소파 테이블, 2015
레드오크, 체리
330mm×760mm×1,150mm

스테인의 이해

마감제 vs 착색제(스테인)

마감은 필요에 따라 착색을 포함하지만, 재료로써의 마감제와 착색제(스테인)는 구별해야 한다.

마감제는 나무 표면을 수분, 오염, 스크래치 등으로부터 보호하고 특정한 질감이나 광택을 얻기 위해 사용한다. 나무에 발랐을 때 이와 같은 기능의 도막을 형성하는 재료로는 오일(린시드 오일, 텅 오일 등), 바니시, 셸락, 래커, 수성 마감제 등이 있다.

착색제, 즉 스테인은 나무에 원하는 색을 입히기 위해 사용하는데 본질적으로는 색소다. 다만 색소를 나무에 바르기 위해서는 매개체가 필요하며, 스테인 가운데 상당수가 오일 등의 마감제가 포함된 액체를 매개로 이용하고 있다. 이러한 이유로 스테인을 마감제의 일종으로 오해하는 경우가 종종 있다. 그러나 스테인의 사용 목적은 어디까지나 착색이고, 마감제 성분을 포함하지 않는 스테인도 있으므로 스테인과 마감제는 분명히 구별해야 한다.

안료와 염료 그리고 고착제

스테인의 색소는 그 성질에 따라 안료[pigment]와 염료[dye]로 나뉜다. 안료는 색깔을 가진 미세한 가루 입자로 매개 역할을 하는 액체에 풀었을 때 일시적으로 섞이긴 하지만 시간이 지나면 다시 바닥에 가라앉는다. 고운 진흙을 풀어놓은 흙탕물이라고 생각하면 쉽다.

반면, 염료는 색깔이 있는 설탕과 같아서 매개 역할을 하는 액체에 넣으면 완전히 용해되어 더 이상 고체로 남아 있지 않으며 액체가 증발한 뒤에야 다시 가루의 모습으로 돌아온다.

안료와 염료의 이와 같은 특성 차이는 자연히 착색 방식의 차이로 이어진다. 안료는 그 입자들이 나무 표면의 기공 틈새나 샌딩 스크래치 등 거친 부위에 안착하는 방식으로 착색된다. 안료가 포함된 스테인으로 착색하면 나뭇결 및 나무의 손상된 부분이 선명하게 부각되는 것은 이 때문이다. 반면, 염료는 액체에 용해된 상태에서 나무 세포의 내부로 스며드는 방식으로 착색된다. 따라서 나무 전체를 골고루 물들이게 된다.

나무에 스테인을 바르면 색소 중 일부(염료)는 나무의 세포벽 안까지 침투해 나무를 물들이지만, 그렇지 못한 나머지(안료, 염료 일부)는 나무 표면에 남아 있게 된다. 이 상태에서 매개 액체가 증발하면 표면에 남은 색소는 바람에 날리거나 닦여 나오는데, 이와 같은 상황을 방지하기 위해 색소를 나무에 고착시키는 성분을 매개 액체에 미리 섞어둔다. 이때 오일, 바니시, 래커, 수성 마감제 등과 같은 마감제가 고착제로 사용된다. 나무 표면에 도막을 형성하는 마감제의 성질이 고착제로 쓰기에 딱 알맞기 때문이다.

고착제를 포함한 스테인

시중에서 쉽게 구할 수 있어 취미 목공인들이 즐겨 사용하는 스테인들은 염료와 안료 혼합 색소를 고착제가 포함된 매개 액체에 풀어놓은 것이다. 예를 들어, A사의 유성 스테인과 B사의 오일 스테인은 오일을 고착제로 사용한 제품이고, A사의 수성 스테인과 B사의 수용성 스테인은 수성 마감제를 고착제로 사용한 제품이다.

국내에서는 많이 쓰이지 않지만 바니시를 고착제로 사용한 바니시 스테인, 래커를 고착제로 사용한 래커 스테인도 있다.

젤 스테인은 오일 스테인이나 바니시 스테인의 점도를 조정해 젤 상태로 만든 것이다. 흘러내리거나 나무에 깊이 스며들지 않기 때문에 스테인을 한 번 발라놓은 표면 위에 색상 조정 등의 이유로 덧바르거나, 파인처럼 일반 스테인을 발랐을 때 얼룩지기 쉬운 나무에 색상을 입히는 데 좋다.

이들 스테인에 들어 있는 고착제는 마감제와 성분이 동일하다. 즉, 나무 표면에 스테인을 일단 한번 바르고 나면 마감제를 바른 것과 동일한 도막이 형성된다. 간혹 원하는 색상을 내기 위해 스테인을 여러 차례 발라야 하는 때가 있는데, 색소가 나무와 직접 접촉해서 세포벽 내로 스며들거나 표면 틈새에 안착하는 것은 최초의 단 한 번뿐이다. 그 이후에는 이미 형성된 도막 위에 색소가 적층되는 방식으로 색이 입혀지므로 스테인을 덧칠할수록 나무 표면이 혼탁해진다.

염료 스테인 ^{dye stain}

염료를 고착제 없이 용매에만 녹여서 이용하는 스테인을 염료 스테인이라고 한다. 염료 스테인은 나무에 스며들 뿐 표면에 도막을 형성하지 않는다. 따라서 고착제를 포함한 스테인의 문제점인 색소 적층으로 인한 표면 혼탁을 걱정할 필요 없이 원하는 색을 얻을 때까지 반복해서 스테인을 바를 수 있다.

염료는 나무 표면의 거칠기와 관계없이 나무의 세포벽 안으로 침투해서 세포를 물들인다. 따라서 염료 스테인으로 착색하면 나무 전체를 고르게 물들일 수 있다. 안료를 포함하고 있는 일반 스테인이 나뭇결 무늬(기공 틈새) 또는 샌딩 스크래치 부분에 더 진하게 착색되는 것과 대조적이다.

염료 스테인의 단점은 자외선에 장시간 노출되면 탈색된다는 것이다. 실외용 가구나 창가에 놓고 쓸 가구는 염료 스테인으로 색을 입히는 것을 추천하지 않는다. 그러나 나무의 본래 색깔도 자외선에 노출되면 변하기 마련이다. 때문에 여러 모로 염료 스테인은 자연스러운 착색 방법이라 볼 수 있다.

스테인의 분류	고착제 포함	액상	오일 스테인, 바니시 스테인, 래커 스테인, 수성 스테인 (고착제에 따라 분류)
		젤상	젤 스테인 (고착제로 오일, 바니시 포함)
	고착제 불포함		수용성 염료 스테인, NGR[non grain raising] 염료 스테인 등 (용매에 따라 분류)

김목공의 우드워크

에필로그

내 멋대로 짜맞춤

이름이 중요하다. 동네 목공방 수업의 이름이 '내 맘대로 목공'이 아니었다면 나는 목공을 시작하지 않았을 것이고 지금까지도 상사맨으로 살고 있을지도 모른다. 그로부터 1년 반이 지났다. 이제는 내가 DIY 목공에서 다음 단계로 한걸음 더 내딛고자 하는 이들을 위한 강좌 '내 멋대로 짜맞춤'을 목공방에서 진행하고 있다. 짜맞춤이든 무엇이든 내 멋대로 해보는 것은 중요하다. 내 멋대로 해봐야 나에게 맞는 방식이 무엇인지 알 수 있게 된다.

월간 목공

나는 무슨 일을 하든 '왜 그렇게 하는지'가 궁금하다. 왜 그렇게 하는지를 알아야만 다양한 상황에 따른 알맞은 대처를 할 수 있고, 다른 사람에게도 똑바로 알려줄 수 있기 때문이다. 목공을 하면서 많은 의문이 생겨났지만 '어떻게 하는지'에 대한 이야기만 접할 수 있었을 뿐 '왜 그렇게 하는지'에 대한 답을 찾기는 어려웠다. 사실 목공과 관련된 우리말 자료가 많지 않다. 우리나라에서 제일 큰 서점에서도 서가의 한 칸조차 목공 관련 도서로 다 채우지 못하고 있으니 말이다.

만약 우리말로 된 전문 잡지가 있어 목공을 '왜 그렇게 하는지'에 대한 답을 잘 정리해서 알려준다면 어떨까? 만들어보고 싶었던 가구의 도면과 제작 가이드를 제공해준다면? 공구나 기계들의 장단점을 공신력 있게 비교해준다면? 유용한 목공팁이나 새로 나온 철물을 한두 가지씩 소개해준다면? 개개인들은 한결 더 수월하게 목공을 즐길 수 있을 테고, 나아가 목공의 저변 또한 더 넓어질 수 있을 것이다.

이 책은 사실 목공 잡지 ≪월간 목공≫의 꼭지로 준비해 두었던 글들을 엮은 것이다. 목공을 하는 동료들과 같이 구상하던 목공 잡지 프로젝트가 중단된 차에 좋은 계기가 생겨 책으로 먼저 내게 되었다. 그러나 목공 잡지에 대한 꿈을 접은 것은 아니다.

중도에 포기하지 않고 목표를 향해 한 걸음씩 걷다 보면 머지않아 꽤 괜찮은 잡지 ≪월간 목공≫을 선보일 수 있을 것이라 생각한다.

김목공

내가 기획한 첫 책은 '보통 사람'들이 만든 가구 작품집이었다. 가구는 동시대의 생활 문화양식을 고스란히 드러낸다. 18~19세기 미국 셰이커 교도들이 공동체 내에서 만들어 썼던 셰이커 가구나, 19세기 말~20세기 초 미국과 유럽에서 만들어진 아츠 앤드 크래프츠arts&crafts 가구가 대표적인 예다. 국내 사정은 어떤가. 몇몇 가구 회사의 브로슈어가 우리 시대의 가구를 대표하는 듯한 현실이 못마땅하다. 우리에게도 생활과 맞닿아 있는 동시에 개성 또한 넘치는 가구들이 있다. 보통의 사람들이 스스로의 필요나 만족을 위해 직접 만들어 쓰는 가구가 그것이다. 이들이야말로 기록해둘 만한 가치가 있지 않은가. 그 기록물은 장차 21세기 초 한국의 생활 문화양식을 살펴보는 데 중요한 참고 자료가 될지도 모른다.

그러나 가구 사진을 모으는 것은 생각보다 쉽지 않았다. 사진을 모아놓은 다음에는 그 가운데서 맥락을 찾아 가구를 배치하고 해설할 큐레이터 또한 필요했다. 여러 모로 부족한 점이 많은 와중에 섣불리 책을 내는 것보다는, 이와 같은 취지를 보다 많은 사람과 공유하고 자료를 충분히 모은 뒤 진행하는 것이 나을 것이라 판단했다. 보통 사람들의 가구 작품집 프로젝트는 잠시 보류 중이다.

당시 가구 사진을 모으기 위해 웹사이트를 개설했다. 사람들의 참여를 이끌어내기 위해 내 작업물들을 먼저 올려두었는데 일종의 마중물인 셈이다. 제작자명은 '김목공'이라 기재했다. 관공서 서류양식의 예시로 등장하는 '홍길동'과 같은 존재다. 그런데 그렇게 붙인 별명 '김목공'이 어느 순간 좋아졌다. 평범한 목공인 나에게 그보다 더 좋은 이름이 어디 있겠나.

김목공의 이름 찾기

　내가 만든 가구를 다른 사람의 작품이나 유명 브랜드 제품과 비교해보는 것은 자연스러운 일이다. 다른 사람의 가구 역시 나처럼 개별 목공방에서 손수 만든 것이므로 디자인부터 만듦새, 제작기법까지 참고하고 배울 점이 많다. 내 목공의 한계를 넓힐 수 있도록 자극을 주는 고마운 대상이다. 반면, 가구 공장에서 생산하는 브랜드 제품에 대한 심경은 한마디로 복잡하다.

　전문 디자이너가 참여한 브랜드 제품은 현대인의 생활 방식과 빠르게 변화하는 트렌드에 초점을 맞춰 디자인된다. 그러니 예쁘지 않을 수 없다. 심지어 제품 라인업도 여럿 갖춰 소비자가 취향에 따라 선택할 수 있도록 배려한다.

　회사의 규모가 커질수록 품질 관리도 체계화된다. 소재나 제작 방식을 두고서는 토론을 벌여볼 만하지만 전반적인 품질에 대해서는 쉬이 흠을 잡기가 어렵다. 따라서 단순히 개인 제작자의 수제 가구라는 이유만으로 공장 제품보다 더 좋다고 단정할 수 없다. 오히려 개인이 공장 제품과 동등한 품질 수준을 맞추려면 수공이 몇 배로 들고 이는 제작원가의 상승으로 이어진다. 결국 숫자를 뛰어넘는 무언가를 갖추지 않는 한 개인 제작자가 공장 제품과 경쟁하는 것은 애초에 불가능하다.

　영원한 취미 목공은 없다. 내가 쓸 가구를 모두 만들고 나면 다른 사람을 위한 가구를 만들 수밖에 없다. 내가 만든 가구를 사는 사람은 자연히 그것을 공장 제품이나 다른 제작자의 가구와 비교해볼 것이다. 내 가구는 매겨진 가격만큼의 혹은 그 이상의 만족을 그들에게 주었을까. 그렇지 않다면 누구도 내 가구를 사지 않을 것이며, 내 목공도 거기서 멈출 수밖에 없다.

끊임없이 질문한다. 내 가구에서 '숫자를 뛰어넘는 무언가'가 과연 무엇인지를. 다른 제작자의 가구와 어떤 차별성을 가지는지를. 이 질문에 대답할 수 있고, 그 대답을 상업적으로도 인정받는다면 그것이 바로 '프로' 아닐까. 언젠가 그런 날이 온다면 더 이상 '김목공'이 아닌 나의 진짜 이름으로 불리게 될 것이다.

목공 추천도서

김목공의 우드워크

Jeff Miller와 함께하는
목공 수업

제프밀러(Jeff Miller) 저 /
윤종배 역 / 2020년 8월 /
204쪽(216*280) / 23,000원

핵심만 추린
목공 스케치업

데이비드 하임(David Heim) 저 /
이재규 역 / 2020년 2월 /
120쪽(215*215) / 15,000원

목공 FAQ

스파이크 칼슨(Spike Carlsen) 저 /
진재성 역 / 2019년 11월 /
364쪽(188*257) / 20,000원

Jeff Jewitt의 목재 마감

JEFF JEWITT 저 /
최석환 역 / 2018년 9월 /
308쪽(222*275) / 34,000원

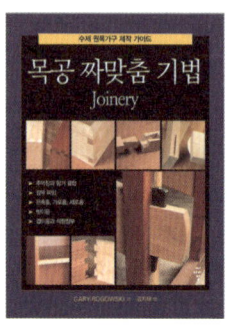

목공 짜맞춤 기법

LGary Rogowski 저 /
김지태 역 / 2017년 12월 /
408쪽(222*275) / 38,000원

사랑 가득
엄마표 가구 만들기

애나 화이트(Ana White) 저 /
이재규, 정복자 역 / 2017년 11월 /
196쪽(216*280) / 22,000원

부조 조각의 정석

Lora S. Irish 저 /
David Koh 역 /
2016년 11월 /
138쪽(216*280) / 18,000원

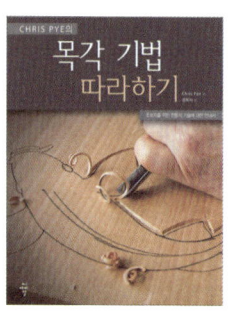

Chris Pye의
목각 기법 따라하기

Chris Pye 저 /
정복자 역 / 2016년 4월 /
160쪽(216*280) / 20,000원

김목공의 우드워크

하이브리드 목공

Marc Spagnuolo 저 /
이재규 역 / 2016년 2월 /
192쪽(210*276) / 22,000원

우드워킹 가이드

Lonnie Bird 외 저 /
김지태 역 / 2015년 9월 /
328쪽(222*275) / 34,000원

고급 목가구
손수 만들기

ANDY RAE 저 /
최석환 역 / 2015년 6월 /
328쪽(222*275) / 34,000원

가구디자인

Stuart Lawson 저 /
한정현 역 / 2015년 5월 /
228쪽(216*280) / 24,000원

우든펜의 정석

Barry Gross 저 /
고득수 역 / 2015년 5월 /
152쪽(216*280) / 20,000원

Bob Flexner의
목재 마감

Bob Flexner 저 /
최석환 역 / 2013년 7월 /
152쪽(215*275) / 20,000원

목공 기초

Peter Korn 저 /
최석환 역 / 2013년 7월 /
192쪽(215*275) / 22,000원

김목공의 우드워크_ 나무로 만들고 나무와 배우기

ⓒ 윤종배 2020

초판 발행	2015년 12월 15일(도서출판 목공정보)
2 판 1 쇄	2020년 12월 28일(도서출판 씨아이알)

저 자	윤종배
펴 낸 이	김성배
펴 낸 곳	도서출판 씨아이알

편 집 장	박영지
책임편집	박영지
디 자 인	홍성우, 김민영
그 림	hongkoon
제작책임	김문갑

등록번호	제2-3285호
등 록 일	2001년 3월 19일
주 소	(04626) 서울특별시 중구 필동로8길 43(예장동 1-151)
전화번호	02-2275-8603(대표)
팩스번호	02-2265-9394
홈페이지	www.circom.co.kr

I S B N	979-11-5610-913-6 (13630)
정 가	14,000원